KB150237

2주 로 끝내는
진짜녀석들
토익스피킹
TOEIC Speaking

기본서

진짜녀석들 토익스피킹 기본서

1쇄 발행   2023. 02. 01

지은이   진짜녀석들 어학연구소
펴낸이   진짜녀석들 어학연구소
기획팀   진짜녀석들 기획팀
편집팀   진짜녀석들 편집팀
관리팀   진짜녀석들 관리팀
주 소   서울시 송파구 법원로 4길 5, 226호
전 화   (02) 6956 0549
홈페이지   www.jinjja-eng.com
email   cs@jinjja-eng.com
ISBN   ISBN 979-11-970507-8-7 (13740)

저작권자   진짜녀석들 어학연구소

www.jinjja-eng.com

2주 로 끝내는
진짜녀석들
토익스피킹
TOEIC Speaking

기본서

토익스피킹 교재 선택 체크 리스트

2주 안에 목표달성 가능한 이유

☑ **책 한 권으로 목표달성 가능한가요?**

→ 이론, 실전, 해설 이 한 권 안에 다 있습니다. 이 책 한 권이면 충분합니다.

☑ **MP3 제공되나요?**

→ Yes! 원어민 발음으로 듣는 훈련은 필수입니다.

☑ **어떤 템플릿을 사용하나요?**

→ 역대 시험들의 통계를 토대로 10년 이상 검증된 만점답변 템플릿입니다. 시험의 변경 사항에 따라 템플릿은 꾸준히 업데이트 되며 가장 최근 템플릿을 이 책에서 접할 수 있습니다.

☑ **본인의 답변에 대한 피드백을 받을 수 있나요?**

→ 진짜녀석들 학습문의를 통해 직접 제이정쌤께서 학습상담을 해드립니다.

☑ **강의 들을 수 있나요?**

→ 온라인 강의와 병행하면 이 책의 효과를 단기간에 극대화할 수 있습니다. 스타강사 제이정 쌤의 강의를 만나 보실 수 있습니다.

☑ **단기간에 끝낼 수 있을까요?**

→ 2주 완성을 목표로 만든 책입니다. 개인차가 있기에 책에 안내된 학습 스케줄을 참고하여 진행해 보세요.

☑ **초보자도 가능한가요?**

→ Yes!! 교재에 제시된 학습법대로 따라만 오세요. 충분히 가능합니다.

강의 커리큘럼

강의 커리큘럼

Part4　Respond to Questions Using Information Provided (제공된 정보를 사용하여 질문에 답하기)

강의 커리큘럼

TOEIC Speaking 시험 소개

Q1 문항 수
→ 5개의 파트로 나뉘고, 총 11개의 문항으로 이루어져 있습니다.

Q2 시험 시간
→ 준비 및 감독관의 오리엔테이션 포함 총 40~45분, 그 중 순수 시험 시간은 약 20분입니다.

Q3 시험 일정
→ 매 주 토요일과 일요일에 시행되고, 가끔 추가로 평일에 시행되는 경우도 있습니다.

Q4 시험 준비물 (신분증)
→ 주민등록증, 운전면허증, 여권 등 공식 신분증을 꼭 준비해가세요.

Q5 필기 관련
→ 시험센터에서 제공하는 규정 메모지와 필기구만 사용 가능합니다.
→ 메모는 시험 시작 직후부터 가능합니다.
→ 시험 종료 시 사용한 메모지와 필기구 반드시 반납해야 합니다.

Q6 시험 진행 방식
→ 컴퓨터 상에서 헤드셋을 통해 음성을 녹음하는 CBT(Computer-based test)방식입니다.

Q7 성적 유효 기간
→ TOEIC과 동일하게 시험 시행일로부터 2년입니다.

Q8 성적 발표일
→ 정기시험 성적 확인은 응시일로부터 약 5일 후 인터넷 홈페이지(www.toeicspeaking.co.kr), 어플리케이션을 통해 확인 가능합니다.

TOEIC Speaking 시험 구성

문제 번호	유형	평가 기준	준비 시간	답변 시간	채점 점수
Part1 Q1~2	Read a text aloud (지문 읽기)	발음, 억양, 강세	각 45초	각 45초	0~3
Part2 Q3~4	Describe a picture (사진 묘사하기)	(위 항목 포함) 문법, 어휘, 일관성	각 45초	각 30초	0~3
Part3 Q5~7	Respond to questions (질문에 답하기)	(위 항목 포함) 완성도	문항별 3초	Q5: 15초 Q6: 15초 Q7: 30초	0~3
Part4 Q8~10	Respond to questions using information provided (제공된 정보를 사용하여 질문에 답하기)	위 모든 항목들	정보 읽는 시간 45초 문항별 3초 (10번 문항은 질문 2회 제공)	Q8: 15초 Q9: 15초 Q10: 30초	0~3
Part5 Q11	Express an opinion (의견 제시하기)	위 모든 항목들	45초	60초	0~5

TOEIC Speaking 레벨별 점수

레벨	환산 점수	평가
AH (Advanced High)	200	대부분의 의사소통을 수월하고 능숙하게 처리할 수 있다.
AM (Advanced Mid)	180~190	의사소통을 수월하고 능숙하게 처리할 수 있으나, 고난도 표현에서 어려움을 겪을 수 있고, 간혹 실수가 있다.
AL (Advanced Low)	160~170	다양한 상황에서 효율적으로 의사소통 가능하나, 일부 어휘가 부정확하고, 복잡한 문법 구조를 사용할 때 오류가 있다.
IH (Intermediate High)	140~150	대체로 단순한 상황에서 의사소통 가능하나, 때때로 어법 실수나 의사 전달이 미흡한 경우가 있다.
IM (Intermediate Mid)	110~130	대체로 단순한 상황에서 의사소통 가능하나, 때때로 어법 실수나 의사 전달이 미흡한 경우가 있고, 시제와 동사의 형태를 다루는 데 어려움이 있다.
IL (Intermediate Low)	90~100	기본적인 대화 가능하나, 문법 실수가 많고, 짧은 문장들 사이에 흐름이 이어지지 않는다.
NH (Novice High)	60~80	기본적인 대화가 쉽지 않고, 간단한 의사표현만 가능한 정도.
Novice Mid / Low	0~50	자기 소개나 익숙한 문장들만 말할 수 있는 정도. 의사소통이 어렵다.

TOEIC Speaking 시험 진행 방식

입실부터 퇴실까지

1 시험장 도착
입실통제 시간 이후에는 고사장에 입실 불가합니다.

2 대기실 대기
대기실이 따로 없는 곳도 있어요.

3 입실 시작
대기하고 있으면 시험 5분전쯤 안내 해줍니다.

4 신분증 검사
입실할 때 검사. 없으면 시험 응시 불가합니다.

5 착석
입실 후 바로 자리에 앉습니다.

6 OMR카드 작성
시험장에서 컴퓨터용 사인펜 제공합니다.

7 ### 핸드폰 제출
전원 OFF 필수입니다.

8 ### 신분 확인
감독관이 돌아다니며 2차 신분증 확인합니다.

9 ### 오리엔테이션
사진 촬영 – 응시자 자리에 있는 컴퓨터 캠으로 본인 얼굴 촬영합니다.
장비 점검 – 응시자 컴퓨터의 마이크 테스트 & 듣기 음량 조절합니다.
유의사항 안내 – 특이 사항이나 유의 사항은 감독관이 안내해 줍니다.
필기노트 체크 – 감독관이 시험 시작 전 필기용지를 확인하고, 시험 시작 후 필기 가능합니다.

10 ### 시험 시작
약 20분 간 실제시험이 진행됩니다.

11 ### 시험 끝
시험을 마친 후, 녹음된 본인 답변 들어보면서 녹음 상태 점검합니다.

12  ### 퇴실
휴대폰 돌려받고 나갑니다.

2주 완성 학습 계획표

Day 1	1강 – 4강
Part 1	· 포인트 · 기술 1 – 5 · 실전연습 · 모범답변 및 해설

Day 2	5강 – 8강
Part 2	· 포인트 · 기술 1 – 3

Day 3	9강 – 10강
Part 2	· 기술 4 – 6

Day 4	11강 – 13강
Part 2	· 실전연습 · 모범답변 및 해설

Day 5	14강 – 16강
Part 3	· 포인트 · 기술 1 – 3

Day 6	17강 – 18강
Part 3	· 기술 4 – 5

Day 7	19강 – 21강
Part 3	· 실전연습 · 모범답변 및 해설

Day 8	22강 – 23강
Part 4	· 포인트 · 기술 1 – 2

Day 8	24강 – 26강
Part 4	· 실전연습 · 모범답변 및 해설

Day 10	27강
Part 5	· 포인트 · 기술 1

Day 11	28강
Part 5	· 기술 2 – 3

Day 12	29강
Part 5	· 기술 4

Day 13	30강
Part 5	· 기술 5

Day 14	31강 – 33강
Part 5	· 실전연습 · 모범답변 및 해설

01 *Read a Text Aloud*
지문읽기

Part1 포인트

— 제시된 지문을 그대로 읽어주는 파트입니다.

— 45초의 준비시간 동안 전체 문장과 단어를 꼼꼼하게 확인합니다. (발음, 속도, 끊어 읽기 등)

— "삐~" 소리가 난 후 1초 정도 후에 녹음 시작하세요. 녹음 앞 부분 잘리는 거 조심.

— Part 1은 답변 후 시간이 많이 남아도 감점이 되지 않습니다.

— 지문 유형에 따라 그에 맞는 감정을 넣어주면 더 좋습니다.

— 중간에 틀렸다면, 틀린 부분부터 다시 자연스럽게 읽어주면 됩니다.

— 답변시간은 주로 소란스럽습니다. 신경 쓰지 마세요. 주변에 휘둘리지 말고 본인의 속도를 유지하세요.

TOEIC Speaking	Question 1 of 11	VOLUME

Hello listeners and thanks for tuning in to Local Artist Talk. Today, we are going to invite Tony Jones, one of the most renowned musicians in the area, to the show. First, I want to announce that he also produces, writes, and arranges all of his own songs. He'll talk about his life as an artist. After that, you can call us and you'll have a chance to ask him questions.

PREPARATION TIME	RESPONSE TIME
00:00:45	00:00:45

1 강세

✓ 전치사, 관사는 그 의미를 강조해야 하는 경우가 아니라면 강세를 거의 넣지 않아야 합니다.
전치사, 관사의 의미를 강조해야 경우는 **Part1** 에 거의 없습니다.

(EX) David : Is my bag under the desk?
Jane : No, your bag is **on** the desk.

✓ 문장에서 주된 의미를 갖는 단어에 자연스러운 강세를 넣어 읽어야 합니다.
명사, 형용사+명사, 고유명사 정도로 강세 넣는 부분을 최소화하여도 전혀 문제가 없기 때문에
지문 속 각 단어의 뜻을 일일이 파악할 필요는 없습니다.

(EX) For the morning commuters, it's going to be a long drive.

2 억양

✓ **A, B, and (or) C**를 읽을 시, **A**와 **B**의 억양은 편한 대로 하되 **C**는 반드시 내립니다.
C에서 문장이 끝나지 않고 뒤에 내용이 더 있는 경우라면 **C**의 억양도 편한 대로 하고
문장의 마지막 단어에서 억양을 내립니다.

(EX) Don't forget that the Waterfront Bridge will be closed today (↗), tomorrow (↗),
and Thursday. (↘)

(EX) Our main goal is to attract tourism (→), business (→), and media coverage. (↘)

(EX) We will soon talk about our responsibilities (↗), training (→), and the daily schedule. (↘)

(EX) If you would like to get more information about our location (→), hours of operation (→),
or parking (↗), please press one. (↘)

3 연음

EX If you would like to get mo**re** **i**nformatio**n a**bout
the event, cal**l u**s now.

> is it / there's a / take it / from a / always available
> / with a / have a / one of

EX Wha**t t**ime will you come to the bu**s s**top?

> this Sunday / gas station / want to / will last

4 장음&단음

① 장음: 입 모양을 옆으로 길게 만들고, 소리도 (길게) 합니다.

Ex Please feel free to leave your suitcase on your seat.

② 단음: 입 모양이 크게 움직이지 않으며, 소리를 (짧게) 합니다.

Ex This is one of the most effective ways to live in comfort.

5 끊어 읽기

✓ 쉼표에서 반 숨, 마침표 등의 문장부호 뒤에서는 한 숨 끊어 읽습니다.

Ex Thank you for calling Hillside Hotel. // If you would like to make a reservation, / press one. // To ask questions, / provide feedback / or change your reservation, / press two.

✓ 한 문장이 너무 길고, 문장의 중간에 쉼표도 없는 경우 '전치사, 접속사, 동사, 관계대명사, **to+동사**'의 **to** 앞에서 끊어 읽을 수 있습니다.

Ex 끊지 않고 읽기: Stater department store will be closing in fifteen minutes.
끊어 읽기: Stater department store / will be closing / in fifteen minutes.

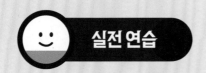

TOEIC Speaking

Questions 1-2 : Read a text aloud

Directions: In this part of the test, you will read aloud the text on the screen. You will have 45 seconds to prepare. Then you will have 45 seconds to read the text aloud.

TOEIC Speaking   **Question 1 of 11**   VOLUME

Hello listeners and thanks for tuning in to Local Artist Talk. Today, we are going to invite Tony Jones, one of the most renowned musicians in the area, to the show. First, I want to announce that he also produces, writes, and arranges all of his own songs. He'll talk about his life as an artist. After that, you can call us and you'll have a chance to ask him questions.

PREPARATION TIME	RESPONSE TIME
00:00:45	00:00:45

You have reached the health offices of Morris and Burke. Currently, no one is available to take your call. If this is an emergency, please hang up and dial emergency services. If you'd like to receive a return call, please press two. Be sure to leave your name, number and the best time for us to return your call.

PREPARATION TIME	RESPONSE TIME
00:00:45	00:00:45

I'd like to welcome you to our 20th anniversary celebration. First, I want to thank all of you for always striving to work to the best of your abilities to achieve our goals. This year again, you have demonstrated outstanding leadership, hard work and dedication.

PREPARATION TIME	RESPONSE TIME
00:00:45	00:00:45

모범 답변 및 해설

실전 1.

Hello listeners and thanks for tuning in to Local Artist Talk. Today, we are going to invite Tony Jones, one of the most renowned musicians in the area, to the show. First, I want to announce that he also produces, writes, and arranges all of his own songs. He'll talk about his life as an artist. After that, you can call us and you'll have a chance to ask him questions.

강세 / 억양

Hello listeners and thanks for tuning in to Local Artist Talk. Today, we are going to invite Tony Jones, one of the most renowned musicians in the area, to the show. First, I want to announce that he also produces(→), writes(→), and arranges all of his own songs(↘). He'll talk about his life as an artist. After that, you can call us and you'll have a chance to ask him questions.

1. 빨간색으로 표시된 단어들이 강세를 넣을 부분입니다.
   자연스러운 읽기 방법은 한 가지가 아닙니다. 개인차가 있어도 된다는 의미입니다.
   tuning in, invite, one of, talk about, ask 등 추가적으로 강세를 넣는 것이
   더 자연스럽게 읽혀진다면 강세를 추가해도 좋습니다.

2. ~ produces(→), writes(→), and arranges all of his own songs(↘) 와 같은
   A, B and C 에서 A와 B는 억양을 살짝 올리든, 내리든, 유지하든 편한 방식으로 하되
   C의 억양은 내려 줍니다. 이 지문에서 C의 마지막 단어는 arranges가 아니라 songs인 것을 유의해야 하겠습니다.

연음 / 장음&단음

Hello listeners and thanks for tuning in to Local Artist Talk. Today, we are going to invite Tony Jones, one of the most renowned musicians in the area, to the show. First, I want to announce that he also produces, writes, and arranges all of his own songs. He'll talk about his life as an artist. After that, you can call us and you'll have a chance to ask him questions.

1. 연음을 몇 개 빼먹어도 감점의 요소가 되지는 않지만 연음을 자연스럽게 하는 것은 유창성에 큰 도움이 됩니다. 유창성은 토익스피킹 시험의 주요 채점 요소 중 하나로, 밑 줄 부분은 수차례 연습하고 가능한 최대로 적용해 주세요. ~listeners and~, ~musicians in~, ~arranges all~, ~us and~ 에서도 연음을 넣을 수 있으나 전치사, 접속사 앞에서는 끊어 읽어도 되기 때문에 (all과 같은 한정사 앞에서도 쉴 수 있음) 연음을 적용하지 않아도 됩니다.

2. 파란색 표시 부분은 단음으로 발음해야 합니다.

끊어 읽기

Hello listeners / and thanks for tuning in / to Local Artist Talk. // Today, / we are going to invite Tony Jones, / one of the most renowned musicians in the area, / to the show. // First, / I want to announce / that he also produces, / writes, / and arranges / all of his own songs. // He'll talk about his life / as an artist. // After that, / you can call us / and you'll have a chance / to ask him questions.

1. 빨간색 선은 최소한의 기본적인 끊어 읽기만 표기되어 있습니다.
   쉼표에서 반 숨 (/), 마침표 등의 문장 부호 뒤에서는 한 숨 (//) 끊어 읽습니다.

2. 쉼표나 마침표 등의 문장부호 이외에도 더 쉬기를 원한다면 쉬어도 되는 부분에 한하여 편한 대로 선택하여 쉬면 됩니다. (/) 민트색 선을 참고하세요.

실전 2.

You have reached the health offices of Morris and Burke. Currently, no one is available to take your call. If this is an emergency, please hang up and dial emergency services. If you'd like to receive a return call, please press two. Be sure to leave your name, number and the best time for us to return your call.

강세 / 억양

You have reached the health offices of Morris and Burke. Currently, no one is available to take your call. If this is an emergency, please hang up and dial emergency services. If you'd like to receive a return call, please press two. Be sure to leave your name(↗), number(↘) and the best time(→) for us to return your call(↘).

1. 지문1 해설에서 명시하였듯 자연스러운 읽기 방법은 한 가지가 아니며 개인차가 허용되므로 reached, take, please, receive, be sure, leave, return 등 추가적으로 강세를 추가해도 좋습니다.

2. ~ name(↗), number(↘) and the best time(→) for us to return your call(↘) 에서 같은 A, B and C 에서 A와 B는 억양을 살짝 올리든, 내리든, 유지하든 편한 방식으로 하되 C의 억양은 내려 줍니다. 하지만 해당 지문에서는 C에서 문장이 끝나지 않고 뒤에 내용이 더 있기 때문에 C까지도 억양을 자유롭게 하되 문장의 끝 부분에서 억양을 내려야 하겠습니다.

연음 / 장음&단음

You have reached the health offices of Morris and Burke. Currently, no one is available to take your call. If this is an emergency, please hang up and dial emergency services. If you'd like to receive a return call, please press two. Be sure to leave your name, number and the best time for us to return your call.

1. 밑줄 부분 연음 연습을 반복해보세요. ~offices of~, ~Morris and~, ~no one is~, ~hang up and~ 에서도 연음을 넣을 수 있으나 전치사, 접속사 앞에서는 끊어 읽어도 되기 때문에 연음을 적용하지 않아도 됩니다. ~one is~의 경우는 모음+모음의 조합으로 보일 수 있으나 '알파벳'을 적용하는 것이 아니라 '발음'으로 자음인지 모음인지를 판단해야 합니다. one는 n 발음으로 끝나기 때문에 이 단어는 '자음'으로 마무리 되는 것입니다.

2. 빨간색 표시 부분은 장음으로 발음해야 합니다.

3. 파란색 표시 부분은 단음으로 발음해야 합니다.

4. currently, shortly, absolutely, promptly, directly등 '– tly (-tely) 형태의 단어들을 연습하는 방법이 있습니다. 예를 들어, currently의 경우 current/ly와 같이 current과 – ly 사이를 짧게 끊는 느낌으로 '커뤈 t– 리' 로 발음하여 '커뤈틀리' 처럼 발음이 되지 않도록 주의해야 합니다.

끊어 읽기

You have reached the health offices / of Morris and Burke. // Currently, / no one is available / to take your call. // If this is an emergency, / please hang up / and dial emergency services. // If you'd like to receive a return call, / please press two. // Be sure / to leave your name, / number / and the best time / for us to return your call.

1. 빨간색 선은 최소한의 기본적인 끊어 읽기만 표기되어 있습니다. 쉼표에서 반 숨 (/), 마침표 등의 문장 부호 뒤에서는 한 숨 (//) 끊어 읽습니다.

2. 쉼표나 마침표 등의 문장부호 이외에도 더 쉬기를 원한다면 쉬어도 되는 부분에 한하여 편한 대로 선택하여 쉬면 됩니다. (/) 민트색 선을 참고하세요.

    표시가 된 부분 (/ ★민트색 선) 이외에도 쉴 수 있는 공간이 몇 군데 더 있지만, 과하게 자주 끊어 읽게 되면 유창성이 떨어지게 들릴 수 있기 때문에, 숨이 찬다거나 발음이 어려운 부분을 위주로 선택하여 끊는 것을 추천합니다.

실전 3.

I'd like to welcome you to our 20th anniversary celebration. First, I want to thank all of you for always striving to work to the best of your abilities to achieve our goals. This year again, you have demonstrated outstanding leadership, hard work and dedication.

강세 / 억양

I'd like to welcome you to our 20th anniversary celebration. First, I want to thank all of you for always striving to work to the best of your abilities to achieve our goals. This year again, you have demonstrated outstanding leadership(→), hard work(→) and dedication(↘).

1. 빨간색으로 표시된 단어들이 강세를 넣을 부분입니다.
   This year again, demonstrated 등 강세를 추가해도 좋습니다.
   명사, 형용사+명사, 고유명사 정도로 강세 넣는 부분을 최소화하여도 전혀 문제가 없기 때문에
   본인이 가장 자연스럽게 읽을 수 있는 방식으로 강세 들어가는 부분을 조절해 주세요.

2. ~ outstanding leadership(→), hard work(→), and dedication(↘) 에서
   A와 B는 억양을 살짝 올리든, 내리든, 유지하든 편한 방식으로 하되 C의 억양은 내려 줍니다.

연음 / 장음&단음

I'd like to welcome you to our 20**th a**nniversary celebration. First, I wan**t t**o thank al**l o**f you for alway**s s**triving to work to the bes**t o**f you**r a**bilities to achie**ve o**ur goals. Thi**s year a**gain, you have demonstrate**d o**utstanding leadership, hard work an**d d**edication.

1. 밑줄 표시 된 부분이 연음입니다. ~hard work and~에서도 연음을 넣을 수 있으나
    전치사, 접속사 앞에서는 끊어 읽어도 되기 때문에 연음을 적용하지 않아도 됩니다.

2. 연음을 연습하다 보면 유독 발음이 어렵게 느껴지는 단어 조합이 존재할 수 있습니다.
    실제 시험에서 준비 시간 동안 그 안 되는 부분을 수십 번 연습하느라 시간을 다 보내버리면 절대 안됩니다.
    물론 연음을 잘 하면 유창하게 들리지만 연음 몇 개 건너 뛰어도 만점은 충분히 가능합니다.
    실제 시험 준비시간에 소리 내어 읽어보고 연음이 유독 잘 안 되는 부분이 있다면
    오랜 시간 지체하지 않고 다음 연습으로 신속히 넘어가야 합니다.

3. 빨간색 표시 부분은 장음으로 발음해야 합니다.

4. 파란색 표시 부분은 단음으로 발음해야 합니다.

끊어 읽기

I'd like to welcome you / to our 20th anniversary celebration. // First, / I want to thank all of you / for always striving to work / to the best of your abilities / to achieve our goals. // This year again, / you have demonstrated outstanding leadership, / please press hard work / and dedication.

1. 빨간색 선은 최소한의 기본적인 끊어 읽기만 표기되어 있습니다.
    쉼표에서 반 숨 (/), 마침표 등의 문장 부호 뒤에서는 한 숨 (//) 끊어 읽습니다.

2. 쉼표나 마침표 등의 문장부호 이외에도 더 쉬기를 원한다면 쉬어도 되는 부분에
    한하여 편한 대로 선택하면 쉬면 됩니다. (/) 민트색 선을 참고하세요.

3. First, I want to thank all of you for always striving to work to the best
    of your abilities to achieve our goals 와 같이 긴 문장을 더욱 신경 써야 합니다.
    이렇게 긴 문장에서 다양한 실수가 나올 확률이 높습니다.
    시험 준비시간 동안에 소리 내어 읽어보며 이 문장을 한 숨에 읽을 것인지, 끊어야 한다면
    어디에서 끊어 읽을 것인지 등을 확실히 결정해야 합니다. 결정한대로 두어 번 연습하고, 연습한대로 읽기를 해주세요.

02 Describe a Picture

사진 묘사

Part2 포인트

— 제시된 사진을 묘사하는 파트입니다.

— 답변 시간 30초 중, 처음과 끝에 1초 정도는 비워두는게 좋습니다.

— 답변시간 30초 〈첫 문장 & 사람 묘사 15초〉 + 〈사물/배경 묘사 & 끝 문장 15초〉

— 전반부 15초, 후반부 15초의 시간배분을 정확히 맞추지 않아도 됩니다.

　무엇이 묘사의 중심이 되느냐에 따라 시간 배분이 조금 달라지는 것은 자연스러운 현상입니다.

— 사물/배경이 묘사의 중심이라면, 먼저 묘사를 해주어도 좋습니다.

— 템플릿을 최대한 활용하세요.

PREPARATION TIME	RESPONSE TIME
00:00:45	00:00:30

Part2 기술

1 답변의 구성 파악하기

토익스피킹을 공부하는 주요 목적이 단기간에 점수를 획득하는 것이라면,
여러 버전의 만점 템플릿을 연습하기 보다는 하나의 템플릿을 반복 연습하는 것이 효율적입니다.

> 만점 답변 구성 예시

| # 01 | 첫 문장 | 이것은 ' 어디 ' 에서 찍은 사진입니다. |

# 02	사람 묘사	① 총 인원 (성별 / 직업 / 나이 추가 가능)
		② 행동
		③ 옷차림
		(①, ②는 필수 / ③은 선택)

# 03	사물/배경 묘사	① 사물 / 배경 1
		② 사물 / 배경 2
		③ 사물 / 배경 3
		(①, ②는 필수 / ③은 선택)

| # 04 | 끝 문장 | 이 사진은 '어떤 분위기 or 느낌'이에요. |

2 첫 문장   **This picture** + '어디'

첫 문장 : 이것은 '어디'에서 찍은 사진입니다.
첫 문장 템플릿 을 시험에서 예외 없이 사용할 수 있도록 연습 해야 합니다.

옵션 1   이것은 **'어디'**에서 찍은 사진입니다.

› **This picture was taken at a/an** + '어디'

(EX) This picture was taken at an office.
이것은 사무실에서 찍은 사진입니다.

옵션 2   이것은 **'어디'**처럼 보이는 장소 에서 찍은 사진 입니다.

› **This picture was taken at a**
place that appears to be a/an + '어디'

(EX) This picture was taken at a place that appears to be an office.
이것은 사무실처럼 보이는 장소에서 찍은 사진입니다.

옵션 3   이것은 **'어디'** 앞에서 찍은 사진 입니다.

› **This picture was taken in front of a/an** + '어디'

(EX) This picture was taken in front of a tall building.
이것은 높은 빌딩 앞에서 찍은 사진입니다.

옵션 4 　이것은 **'어디'** 안에서 찍은 사진 입니다.

> ## This picture **was taken inside a/an** + '어디'

EX This picture was taken inside a restaurant kitchen.
이것은 식당 주방 안에서 찍은 사진 입니다.

옵션 5 　이것은 **'어디'** 밖에서 찍은 사진 입니다.

> ## This picture **was taken outside a/an** + '어디'

EX This picture was taken outside a crowded cafe.
이것은 붐비는 카페 밖에서 찍은 사진 입니다.

옵션 6 　이것은 **'무엇/누구'** 의 사진입니다.

> ## This **is a picture of a/an** + '무엇 / 누구'

EX This is a picture of a birthday party. 이것은 생일파티의 사진입니다.

EX This is a picture of a small gathering. 이것은 작은 모임의 사진입니다.

EX This is a picture of a family. 이것은 한 가족의 사진입니다.

3

사람 묘사   There are + '몇 명' + in the scene.

사진 묘사의 전반부에 들어가는 '사람묘사'는 상세하면 상세할수록 점수가 올라가는 것이 아닙니다.

▶ 답변 시간_ 30초 : '사람묘사' 이 후 '사물/배경묘사'와 '끝 문장'이 나와야 하므로
    주어진 시간 (총 답변 시간의 절반 가량)에 맞게 묘사하는 것이 중요 !!

> ① 총 인원 (성별 / 직업 / 나이 추가 가능)

② 행동
③ 옷차림   (①, ②는 필수 / ③은 선택)

▶ 총 인원 (성별 / 직업 / 나이 추가 가능)

· There is one woman in the scene. (여자 1명)

· There is one man in the scene. (남자 1명)

· There are 2 men in the scene. (남자 2명)

· There are 3 women in the scene. (여자 3명)

· There are 4 people in the scene. (사람 4명)

· There are several people in the scene. (사람 몇 명)

· There are many (a lot of) people in the scene. (많은 사람들)

▶ 사람 2명 이상이라면 > 성별, 직업, 나이 정보 추가 가능

· There are 2 women in the scene, one customer and one employee. (손님1, 직원1)

· There are 3 men in the scene, one merchant and two customers. (상인1, 손님2)

· There are 2 people in the scene, a man and a woman. (남자1, 여자1)

· There are 4 people in the scene, 2 adults and 2 children. (성인2, 어린이2)

· There are a lot of people in the scene, one woman and many men. (여자1, 많은 남자들)

· There are many (a lot of) people in the scene.

(사람이 많은 경우 상세 정보를 특정 지어 말할 수 없는 경우가 대부분이므로 문장 끝 부분에 정보 추가는 생략 가능)

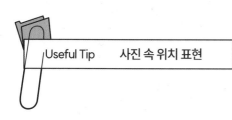

Useful Tip   사진 속 위치 표현

사람이나 사물을 묘사할 때, 묘사되는 사람이나 사물이 사진 속 어디에 위치해 있는지
명시해 주는 것은 채점자가 해당 장면을 명확히 이해하는데 있어 큰 도움이 됩니다.

In the middle (of the picture) – (사진의) 중심부에

In the foreground (of the picture) – (사진의) 앞 배경 쪽에

In the background (of the picture) – (사진의) 뒷 배경 쪽에

In the right (of the picture) – (사진의) 오른쪽에

In the left (of the picture) – (사진의) 왼쪽에

＊ picture라는 단어를 반복적으로 사용하는 것보다 photograph, scene,
시험에 출제된 장소 (예시:classroom / office / street market / park)등의
다양한 단어를 번갈아 가며 사용하는 것이 좋습니다.

In front of the ~   Behind the ~   Next to the ~
(~ 앞에)   (~ 뒤에)   (~ 옆에)

On both sides of the picture (사진의 양쪽에)

Here and there in the scene (장면 속 여기저기에)

3 사람 묘사 '행동 ing'

사람 묘사 시 가장 중요한 요소가 '행동'입니다. 성별, 나이, 직업, 옷차림 등은 주어진 시간에
따라 넣거나 뺄 수도 있으나 등장인물의 '주요 행동'은 꼭 묘사 해야 합니다.

① 총 인원 (성별 / 직업 / 나이 추가 가능)

② 행동

③ 옷차림 (①, ②는 필수 / ③은 선택)

▶ 모든 사람들이 동일/비슷한 행동을 하고 있을 때

Everyone is + 행동 ing

Everyone is walking on the street. (모든 사람들은 길을 걷고 있습니다.)

They are + 행동 ing

They are having a conversation. (그들은 대화를 하고 있습니다.)

▶ 몇 명(혹은 1명)은 행동1, 몇 명(혹은 1명)은 행동2를 하고 있을 때

Some people are 행동1 ing **and some are** 행동2 ing

Some people are working in the kitchen and some are sitting at a table.
(몇 명은 주방에서 일하고 있고 몇 명은 테이블에 앉아 있습니다.)

Some people are 행동1 ing **and 2 women are** 행동2 ing

Some people are having a meeting and 2 women are talking on the phone.
(몇 명은 회의를 하고 있고 여자 두 명은 통화 중 입니다.)

The man is 행동1 ing **and the woman is** 행동2 ing

The man is moving some boxes and the woman is mopping the floor.
(그 남자는 박스 몇 개를 옮기고 있고 그 여자는 (대걸레로) 바닥을 닦고 있습니다.)

▶ 대부분의 사람들은 행동1, 소수의 사람(들)은 행동2를 하고 있을 때

Most of the people are 행동1 ing **and 1 man is** 행동2 ing

Most of the people are working on their computers and one man
is looking out the window.

(대부분의 사람들은 자기 컴퓨터로 일을 하고 있고 한 남자는 창 밖을 바라보고 있습니다.)

Most of the people are 행동1 ing **and some are** 행동2 ing

Most of the people are eating something and some are looking at the menu.

(대부분의 사람들은 무언가를 먹고 있고 몇 명의 사람들은 메뉴를 보고 있습니다.)

✓　시험에 자주 나오는 '행동' 표현들을 숙지하는 것이 좋습니다.

1.　**walking on ~**　(~를 걷고 있다)

The woman in the right of the picture is walking on the path.

2.　**sitting on ~**　(~위에 앉아 있다)

The woman in the middle of the scene is sitting on a chair.

3.　**sitting at ~**　(~에 앉아 있다)

In the foreground of the picture, two women and two men are sitting at a table.

4.　**sitting around ~**　(~에 둘러 앉아 있다)

In the right of the scene, some people are sitting around a table.

5.　**looking at ~**　(~을/를 보고 있다)

The man in the middle of the room is looking at his laptop computer.

6.　**having a conversation**　(대화를 하고 있다)

In the background of the classroom, some students are having a conversation.

7.　**talking to 누구**　('누구'와/에게 얘기하고 있다)

The teacher is talking to one of the students.

8.　**discussing something**　(무언가를 토론하고 있다)

In the middle of the picture, people are discussing something.

9.　**drinking beverages**　(음료를 마시고 있다)

Many people are drinking beverages at the restaurant.

10. eating something (무언가를 먹고 있다)

In the middle of the restaurant, a man is eating something.

11. just passing by (그냥 지나가고 있다)

Some people are just passing by.

12. having a meeting (회의를 하고 있다)

In the middle of the scene, five women are having a meeting.

13. talking on his (her) cell-phone (그 or 그녀의 폰으로 통화 중이다)

The female employee is talking on her cell-phone.

14. talking on the phone (통화 중이다 / ★ 집 전화, 휴대폰, 사무실 전화 포함)

Some people are talking on the phone.

15. resting (쉬고 있다)

Some people are resting here and there in the scene.

16. having an enjoyable (relaxing) time (즐거운 or 편안한 시간을 보내고 있다)

Everyone is having an enjoyable time.

17. pointing at ~ (~를 (손가락이나 뾰족한 펜 등으로) 가리키고 있다)

In the background of the scene, a man and a woman are pointing at a statue.

18. reaching for ~ (~을/를 꺼내거나 잡으려고 손을 뻗고 있다)

In the middle of the picture, a man is reaching for a cup.

19. paying attention to ~ (~에 집중하고 있다)

Everyone is paying attention to the presenter.

20. concentrating on ~ (~에 집중하고 있다)

In the middle of the picture, four men are concentrating on their work.

3 사람 묘사 ' wearing 옷차림 '

앞서 명시하였듯 사람 묘사 시 가장 중요한 요소는 '행동'입니다.
답변 전반부에서 시간이 허락되는 경우, '옷차림'묘사를 추가 할 수 있습니다.

① 총 인원 (성별 / 직업 / 나이 추가 가능)

② 행동

③ 옷차림   (①, ②는 필수 / ③은 선택)

▶ 모든 사람들이 비슷한 옷차림을 하고 있을 때

Everyone is wearing + 옷차림

Everyone is wearing casual clothes. (모든 사람들이 캐주얼한 옷을 입고 있습니다.)

They are wearing + 옷차림

They are wearing formal suits. (그들은 정장을 입고 있습니다.)

▶ 몇 명(혹은 1명)은 옷차림1, 몇 명(혹은 1명)은 옷차림2를 하고 있을 때

Some people are wearing 옷차림1 **and some are wearing** 옷차림2

Some people are wearing casual clothes and some are wearing formal suits.
(몇 명의 사람들은 캐주얼한 옷을 입고 있고 몇 명의 사람들은 정장을 입고 있습니다.)

Some people are wearing 옷차림1 **and two men are wearing** 옷차림2

Some people are wearing formal suits and two men are wearing business casual clothes.
(몇 명의 사람들은 정장을 입고 있고, 두 명의 남자는 캐주얼한 업무 복장을 입고 있습니다.)

The man is wearing 옷차림1 **and the woman is wearing** 옷차림2

The man is wearing a green sweater and blue jeans and the woman is wearing
a white shirt and a black skirt.

(그 남자는 초록색 스웨터와 청바지를 입고 있고, 그 여자는 흰색 셔츠와 검정색 치마를 입고 있습니다.)

▶ 대부분의 사람들은 옷차림1, 소수의 사람(들)은 옷차림2를 하고 있을 때

Most of the people are wearing 옷차림1 **and one man is wearing** 옷차림2

Most of the people are wearing casual clothes and one man is wearing a chef's uniform.
(대부분의 사람들은 캐주얼 한 옷을 입고 있고, 한 남자는 요리사 유니폼을 입고 있습니다.)

Most of the people are wearing 옷차림1 **and some are wearing** 옷차림2

Most of the people are wearing formal suits and some are wearing casual clothes.
(대부분의 사람들은 정장을 입고 있고, 몇 명의 사람들은 캐주얼 한 옷을 입고 있습니다.)

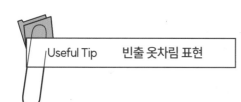

Useful Tip　빈출 옷차림 표현

시험에 자주 나오는 '옷차림' 표현들을 숙지하는 것이 좋습니다.

정장 - 한 명이면 a formal suit, 두 명 이상이면 formal suits

(정장까지는 아니지만) 격식을 갖춘 옷 - 한 명이든, 여러 명이든 formal clothes

편한 옷 / 캐주얼 옷차림 - 한 명이든, 여러 명이든 casual clothes

캐주얼한 업무 복장 - 한 명이든, 여러 명이든 business casual clothes

묘사되고 있는 인물이 입고 있는 옷을 a white shirt, blue jeans,
a green sweater, a black skirt 와 같이 상세하게 묘사

4   사물/배경 묘사

사물/배경 묘사는 해당 사물/배경의 사진 속 중요도 + 남는 시간에 따라 2~3개의 요소 정도를 묘사 하세요.
((템플릿을 숙지한다면 '사람묘사' 보다 쉽고 간단합니다.))

| ① 사물/배경 1 | ② 사물/배경 2 | ③ 사물/배경 3 | (①, ②는 필수 / ③는 선택) |

< 사물 / 배경 묘사 기본 템플릿 >

아래 템플릿에서 중요한 역할을 하는

There is (are)

I see

I can also see

의 순서는 변경 가능합니다.

---

① 사진 속 위치 묘사: there is (are) <u>사물 / 배경 1</u>

Ⓔ In the middle of the picture, there is <u>a small house.</u>

② **Next to / In front of / Behind** <u>사물 / 배경 1</u>, I see <u>사물 / 배경 2</u>
(사물/배경 2가 사물/배경 1과 위치적 관련이 없다면, 사물/배경 2의 사진 속 위치 다시 명시)

Ⓔ In front of the house, I see <u>two bicycles.</u>

③ **Next to / In front of / Behind** <u>사물 / 배경 2</u>, I can also see <u>사물 / 배경 3</u>
(사물/배경 3이 사물/배경 2와 위치적 관련이 없을 때, 사물/배경 3의 사진 속 위치 다시 명시)

Ⓔ In the left of the scene, I can also see <u>some trees.</u>

5   점수를 올려주는 추가 표현

밖에 나가서 주위를 한번 쭉 둘러보면 '나무'나 '빌딩'을 쉽게 찾아볼 수 있습니다.
'사진 묘사하기'에서 지금까지 가장 많이 나온 대표적 사물이 '나무'와 '빌딩'입니다.

아래 문장의 밑줄 부분은 '나무'나 '빌딩' 출제 시, 문장을 업그레이드 해주는표현입니다.

① 나무 출제 시

EX In the background of the scene, there are many trees
<u>that are full of green leaves.</u> (장면의 배경에 <u>푸른 잎이 무성한</u> 나무들이 많이 있습니다.)

② 빌딩 출제 시

EX In the background of the scene, I see some tall buildings <u>with many windows</u>.
(장면의 배경에 <u>창문이 많은</u> 높은 빌딩 두 개가 보입니다.)

출제되는 사진을 크게 분류해보면 '밖에서 찍은 사진' 과 ' 안에서 찍은 사진' 이 두가지입니다.
밖에서 찍은 사진에서는 '날씨'를 언급할 수 있고, 안에서 찍은 사진에서는 '조명'에 대해 말할 수 있습니다.

① 날씨

EX By looking at the way these people are dressed,
this picture was probably taken on a <u>cold</u> day

(사람들의 복장으로 미루어 보았을 때, 이 사진은 아마도 <u>추운</u> 날 찍힌 것으로 보입니다.)

hot – 더운	**warm** – 따뜻한	**cold** – 추운	**chilly** – 쌀쌀한
spring – 봄	**summer** – 여름	**fall** – 가을	**winter** – 겨울

* 날씨 문장의 첫 번째 장점은 날씨 단어만 상황에 맞게 바꾸면
밖에서 찍은 거의 모든 사진에서 사용 가능하다는 것입니다.

* 또 하나의 장점은 '사진 묘사하기'의 '첫 문장'을 제외하면 30초 답변 속
전반부, 후반부, 전반부와 후반부 사이, 끝 문장 중 어디에 넣어도 자연스럽다는 점입니다.

② 조명

▷ **조명이 밝을 때**

EX This place is brightly lit by many lights in the ceiling.

(이 장소는 천장에 있는 많은 조명들로 인해 환하게 밝혀져 있습니다.)

▷ **조명이 은은할 때**

EX This coffee shop is dimly lit by a small light hanging from the ceiling.

(이 커피숍은 천장에 달린 작은 조명 하나로 인해 은은하게 밝혀져 있습니다.)

* by~ 앞에서 끊고 문장을 마무리하면 조명 자체가 사진에
잡히지 않은 경우에도 위 표현을 사용할 수 있습니다.

6 끝 문장

실제 시험에 사용할 수 있는 확률이 가장 높은 표현들 몇 가지를 준비하면
완성도 높게 답변을 마무리할 수 있습니다.

이 사진은 '어떤 분위기 or 느낌'이에요.

▶ 사람들이 활발히 활동하는 사진

EX Overall, this picture gives out a busy feeling because everyone
in the scene is moving actively.

(전체적으로, 사람들이 활동적으로 움직이고 있어서 이 사진은 분주한 느낌을 줍니다.)

▶ 사람들의 움직임이 적은 사진

EX Overall, this picture gives out a calm feeling because
there is not much movement in the scene.

(전체적으로, 장면 속 활동량이 많지 않아서 이 사진은 차분한 느낌을 줍니다.)

★ 이 문장은 활동량이 아예 없는 사진에서만 사용할 수 있는 문장이 아닙니다.
'not much'는 '많지 않은'이라는 뜻입니다.
활동량이 거의 없는 사진, 그리고 활동량이 조금 있는 사진에도 사용 가능합니다.

▶ 행복한/즐거운/편안한 분위기의 사진

EX Overall, this picture gives out a happy / pleasant / comfortable feeling because everyone in the scene is having a great / an enjoyable / a relaxing time.

(전체적으로, 사람들이 정말 좋은/즐거운/느긋한 시간을 갖고 있어서 이 사진은 행복한/기분 좋은/편안한 느낌을 줍니다.)

▶ 진지한 분위기의 사진

EX Overall, this picture gives out a serious feeling because everyone in the scene 1. has a stern look on their faces 2. is concentrating on what they're doing 3. is quite engaged in what they're doing.

(전체적으로, 사람들이 1. 굳은 표정/무표정이어서 2. 본인이 하고 있는 것에 집중하고 있어서 3. 본인이 하고 있는 것을 열심히 하고 있어서 이 사진은 진지한 느낌을 줍니다.)

* 끝 문장에 'everyone in the scene is~' 부분이 안 어울리는 경우가 있습니다. 다들 웃으며 즐거워 보이는데 딱 한 명이 무표정이거나 다들 활기차게 움직이고 있는데 딱 두 명이 가만히 있는 경우라면 'everyone in the scene is~'를 'most of the people in the scene are~'로 바꿔 주세요.

* 바로 위 2와 3은 serious 보다 busy가 어울리는 경우도 있습니다. 출제된 사진에 더 어울리는 단어를 선택하세요.

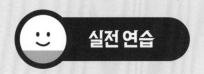

TOEIC Speaking

Questions 3-4 : Describe a picture

Directions: In this part of the test, you will describe the picture on your screen in as much detail as you can. You will have 45 seconds to prepare your response. Then you will have 30 seconds to speak about the picture.

TOEIC Speaking   **Test 1**   VOLUME

PREPARATION TIME	RESPONSE TIME
00:00:45	00:00:30

Test 4

PREPARATION TIME	RESPONSE TIME
00:00:45	00:00:30

Test 5

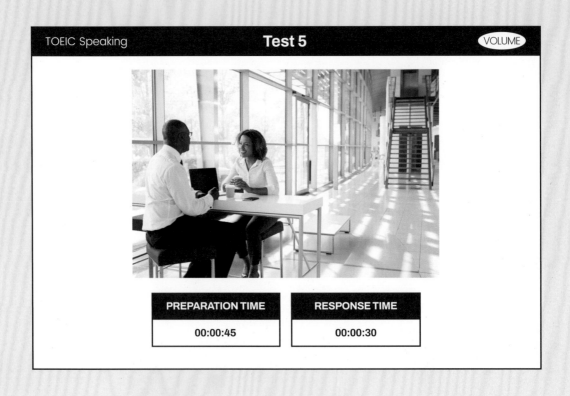

PREPARATION TIME	RESPONSE TIME
00:00:45	00:00:30

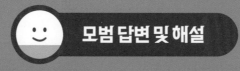

모범 답변 및 해설

실전 1. (모범답변)

This picture was taken at a place that appears to be a cafeteria. There are four people in the middle of the scene, three men and one woman. They are standing around a counter and having a conversation. Everyone is wearing casual clothes. In the background of the picture, I see some shelves and there are many containers on the shelves. I also see a menu hanging from the ceiling. Overall, this picture gives out a calm feeling because there is not much movement in the scene.

첫 문장

This picture was taken at a place that appears to be a cafeteria.

사진을 묘사 할 때마다 시간이 부족한 경향이 있다면 첫 문장을 좀 더 짧게 시작하는 것도
그 문제를 해결 할 수 있는 방법 중 하나입니다. (This picture was taken at a cafeteria.)

첫 문장을 말 할 때 a, an 과 같은 관사나 단어 뒤의 ~s 를 빼지 않도록 유의해야 합니다.

사람 묘사

1 There are four people in the middle of the scene, three men and one woman.

  – There are three men and one woman in the middle of the scene. 이라 해도 좋습니다.

2 **They are** standing around **a counter** and having a conversation.

  – having a conversation (대화를 하고 있다) 는 시험에 굉장히 자주 출제되는 장면이므로 해당 표현은 중요합니다.

  – 앞서 배운 '빈출 행동 표현' 이외에도 'standing around **무엇**' ('**무엇**'에 둘러 서 있다) 와 같이 종종 보이는 행동을
    묘사하는 표현을 접할 때마다 잘 챙겨두면 좋습니다.

3 **Everyone is** wearing casual clothes.

  – 사람묘사를 할 때 동일한 말을 반복적으로 하는 것보다는,
    의미가 같은 다양한 단어나 표현을 구사하는 것이 점수에 도움이 됩니다.
    바로 전 문장에서 They are~ 라고 했으니 이번 문장에서는 Everyone is~
    라고 하는 것이 전체적인 묘사를 더욱 자연스럽게 만들어 줍니다.

사물 / 배경 묘사

1 In the background of the picture, **I see** some shelves

2 and **there are** many containers on the shelves.

3 **I also see** a menu hanging from the ceiling.

  – 사람묘사 3 문장에서 명시 한 내용과 같은 이유로 I see / there are / I also see 와 같은 다양한 표현이 사용되었습니다.

  – 개인마다 말 속도도 다르고, 선호하는 단어나 표현도 다를 수 있습니다.
    시간이 부족하다면 위 문장들 중 하나를 빼야 합니다. (위 1을 빼면 2가 성립되지 않으므로 2나 3 중 하나가
    빠질 수 있습니다.) 혹은 사물/배경묘사 전체를 '나에게 맞는' 양과 내용으로 바꿔도 좋습니다.

끝 문장

Overall, this picture gives out a calm feeling because there is not much movement in the scene.

시간에 맞는 답변을 하기 위해 마지막 문장이 큰 역할을 합니다. 시간이 부족하다면, 내용을 줄여야 합니다.

짧은 버전

- Overall, this picture gives out a calm feeling.
- Overall, there is not much movement in the scene.

말하는 도중 녹음시간이 잘리는 것은 감점의 요소가 되므로 짧은 문장 조차 들어갈 시간이 없다면 마지막 문장 생략!

노트테이킹

시험 중에 필기가 가능합니다. 준비 시간 동안 전체 답변을 다 필기할 수는 없습니다.
자신에게 필요한 키워드를 차례대로 + 신속하게 필기하는 연습이 필요합니다.

★ 필기 시 키워드가 될 수 있는 부분

This picture was taken at a place that appears to be a **cafeteria**.

There are **four people** in the middle of the scene, **three men** and **one woman**.

They are **standing around a counter** and **having a conversation**.

Everyone is wearing **casual clothes**. In the **background** of the picture,

I see **some shelves** and there are many **containers on the shelves**.

I also see **a menu hanging from the ceiling**.

Overall, this picture gives out a **calm** feeling because there is not much

movement in the scene.

★ 실제 필기 예시

1   Cafeteria

----

2   4 people - 3 men & 1 woman

         standing around ~ & conv.

         casual clothes

----

3   background - some shelves

         many containers on the ~

         a menu hanging from ~

----

4   calm

실전 2. (모범답변)

This picture was taken at a place that appears to be an office. There are five people in the scene. In the right of the picture, a man and a woman seem to be unpacking some boxes. In the left of the scene, two women and one man are taking a potted plant out of a plastic container on a white table. On the same table, there are some items such as pencils, documents and a smaller potted plant. Behind the people, I see two large windows. Overall, this picture gives out a busy feeling because everyone in the scene is quite engaged in what they're doing.

첫 문장

This picture was taken at a place that appears to be an office.

office 와 같이 모음발음으로 시작하는 단어 앞에는 관사 an 을 넣어야 합니다.
(an **outdoor restaurant** / an **outdoor café**)

사람 묘사

¹ There are five people in the scene.

- 문장 끝에 :two men and three women 을 추가해도 좋습니다. 다음 문장에서 등장 인물들의 성별을 명시하기 때문에 필수는 아닙니다.

² In the right of the picture, a man and a woman seem to be unpacking some boxes.

- 의심의 여지가 없을 때에는 be동사를 사용합니다. (~a man and a woman ARE unpacking some boxes.) 'seem to be 행동ing'는 '행동ing를 하는 듯 보인다' 라는 의미로써 특정 인물이 무슨 행동을 하는지 장담하여 말 할 수 없는 경우에 활용하기 좋은 표현입니다.
- a man AND a woman 은 복수이므로 seem to be 입니다. 한 명일 경우에는 A woman seems to be~ 입니다.

³ In the left of the scene, two women and one man are taking a potted plant out of a plastic container on a white table.

- 주어진 답변 시간 동안 picture라는 단어를 일곱 번, 여덟 번 사용하는 경우를 흔히 볼 수 있습니다. 신경 써서 picture 와 scene을 골고루 사용하세요. 또한 시험에 나온 장소를 명시 하는 것도 아주 좋습니다. (예: in the left of the office, in the left of the room) 혹은 of the scene을 생략하고 In the background, 까지만 말 할 수도 있습니다.
- taking A out of B > B에서 A를 꺼내고 있다.
- 여러 번 명시하였듯 만점답변은 하나의 예시일 뿐입니다. 나에게 맞는 양을 안정적으로 말하는 것이 중요합니다. 위 사람묘사 문장1 끝에 : two men and three women을 추가하고 문장2와 3을 함축하여 They are unpacking some boxes.로 확 줄여야 할 수도 있습니다. 이렇게 하고 시간이 되면 They are all wearing formal clothes.를 추가 할 수도 있습니다. 방법은 다양하므로 연습을 통해 자신의 답변 스타일(선호 어휘, 속도 등)을 잘 파악하는 것이 핵심입니다.

사물 / 배경 묘사

¹ On the same table, there are some items such as pencils, documents and a smaller potted plant.

- 사람묘사 문장3에서 a white table이 명시되었으므로, 두 번째 명시부터는 the table이라 해야 합니다.
- 기억하세요! 시간이 없으면 문장 길이를 줄여야 합니다. "~ there are some items such as 무엇 and 무엇."은 "~ there are 무엇 and 무엇."으로 줄일 수도 있고, 시간이 아주 촉박할 경우에는 이 문장 전체를 뺄 수도 있습니다.

² Behind the people, I see two large windows.

- Window가 두 개나 그 이상이라면 반드시 ~s 를 넣어야 합니다.

끝 문장

Overall, this picture gives out a busy feeling because everyone in the scene is quite engaged in what they're doing.

짧은 버전

- Overall, this picture gives out a busy feeling.
- Overall, everyone in the scene is quite engaged in what they're doing.

시험 중에 필기가 가능합니다. 준비 시간 동안 전체 답변을 다 필기할 수는 없습니다.
자신에게 필요한 키워드를 차례대로 + 신속하게 필기하는 연습이 필요합니다.

★ 필기 시 키워드가 될 수 있는 부분

This picture was taken at a place that appears to be **an office**.
There are **five people** in the scene. In the **right** of the picture, **a man and
a woman seem to be unpacking some boxes**. In the **left** of the scene, **two
women and one man** are **taking a potted plant out of a plastic container**
on a **white table**. **On the same table**, there are some **items** such as **pencils,
documents and a smaller potted plant. Behind the people**, I see **two large
windows**. Overall, this picture gives out a **busy** feeling because everyone in
the scene is quite **engaged** in what they're doing.

★ 실제 필기 예시

1   an office

----

2   five people

3   right - 1 man & 1 woman seem to be unpacking some boxes

4   left - 2 women & 1 man -> taking a potted plant out of a plastic container
/ white table

----

5   On the same table – items: pencils, documents & a smaller potted plant

6   Behind the people - two large windows

----

7   busy / engaged

실전 3. (모범답변)

This picture was taken at a place that appears to be a park. There are two women in the scene. One woman is pushing a bicycle and the other is walking a dog. They are both wearing casual clothes. In the right of the picture, I can see a bench. There are many tall trees that are full of green leaves in the background of the scene. Overall, this picture gives out a pleasant feeling because both of the women are having an enjoyable time.

첫 문장

This picture was taken at a place that appears to be a park.

관사 및 ~s 유의!

사람 묘사

1 **There are two** women **in the scene.**

- Women의 발음은 **woman**(워먼)과 다릅니다. 그렇다고 '위민'도 아닙니다. **Woman**(워먼) 발음에서 앞에 '워'만 '위'에 조금 더 가깝게 바꾸면 됩니다.

2 **<u>One woman</u> is** pushing a bicycle **and <u>the other</u> is** walking a dog.

- pushing a bicycle 이나 walking a dog과 같이 사람의 행동을 묘사하는 표현은 많이 알면 알수록 좋습니다.
- 두 명이 있다고 말하고 그들에 대해 상세묘사를 할 때에는 한 명은 <u>**one woman**</u>, 다른 한 명은 <u>**the other woman**</u> 이라고 주어를 잡으면 됩니다. 성별이 동일할 경우라면 두 번째로 나오는 <u>**woman**</u>이라는 단어는 생략 가능합니다.

3 They are both **wearing casual clothes.**

- 등장 인물이 두 명일 경우에는 everyone is~ (모두 다)보다 they are both~ (둘 다)가 더 어울립니다.

사물 / 배경 묘사

1 **In the right of the picture, I can see** a **bench.**

- 이 문장에서 관사 하나만 빠져도 장면을 정확히 이해하기가 어려워집니다. bench가 딱 한 개라는 것을 관사 하나로 알릴 수 있습니다.

2 **There are many tall trees that are full of green leaves in the background of the scene.**

- 시간이 부족한데 긴 문장을 말하려면 말의 속도가 갑자기 빨라집니다. 답변의 속도는 전체적으로 비슷하게 유지하는 것이 가장 좋습니다. In the background, there are many trees. 와 같이 순발력 있게 문장을 줄이는 것도 꼭 필요한 기술입니다.

끝 문장

Overall, this picture gives out a pleasant feeling because
<u>both of the women are</u> having an enjoyable time.

pleasant를 비롯하여 혹시 유독 발음이 어렵게 느껴지는 단어가 있다면 흡사한 의미를 가진 다른 단어로 바꿔서
연습하는 것도 방법입니다. (comfortable, happy, relaxing etc.)

사람묘사 문장3에서 명시된 바와 같이 사람이 두 명 일 경우에는 '모두 다' 보다 '둘 다'를 사용하는 것이 잘 어울립니다.
<u>they are both</u>~ 와 <u>both of the women are</u>~ 는 이 답변에서 같은 의미이니 어떤 것을 사용해도 됩니다.
혹은, <u>these women are</u>~, <u>these two women are</u>~ 등으로 변경도 가능합니다.

짧은 버전

- Overall, this picture gives out a pleasant feeling.
- Overall, both of the women are having an enjoyable time.

노트테이킹

시험 중에 필기가 가능합니다. 준비 시간 동안 전체 답변을 다 필기할 수는 없습니다.
자신에게 필요한 키워드를 차례대로 + 신속하게 필기하는 연습이 필요합니다.

★ 필기 시 키워드가 될 수 있는 부분

This picture was taken at a place that appears to be a park. There are two women in the scene. One woman is pushing a bicycle and the other is walking a dog. They are both wearing casual clothes. In the right of the picture, I can see a bench. There are many tall trees that are full of green leaves in the background of the scene. Overall, this picture gives out a pleasant feeling because both of the women are having an enjoyable time.

★ 실제 필기 예시

1   park

----

2   two women

3   One woman - pushing a bicycle / the other - walking a dog

4   They are both - casual clothes

----

5   right - a bench

6   tall trees - leaves -> background

----

7   pleasant - both of the women / enjoyable

실전 4. (모범답변)

This picture was taken at a place that appears to be a classroom. There are many people in the scene: one teacher and several students. All of the students are sitting and the teacher is standing. One of the students is handing a piece of paper to the teacher. This room is brightly lit by some lights in the ceiling. In the background, there are some whiteboards on the wall. Overall, this picture gives out a calm feeling because there is not much movement in the scene.

첫 문장

This picture was taken at a place that appears to be a classroom.

관사 및 ~s 유의!

사람 묘사

1 There are <u>many</u> people **in the scene:** one teacher **and** <u>several</u> students.

- <u>many</u> people 을 one teacher 와 <u>several</u> students 로 분류하였습니다. 이런 문장구조에서 <u>many</u> 와 <u>several</u> 부분의 단어가 겹치지 않도록 신경 써주세요. (좋은 예: <u>~a lot of</u> / <u>~many</u>)

2 All of the students are sitting and the teacher is standing.

- 사람묘사를 좀 더 상세하게 할 수도 있고, 다른 방법으로 할 수도 있습니다. It's up to you!
  (예시 All of the students are <u>facing away</u> from the camera and sitting on chairs. The teacher is the only person standing. 모든 학생들은 카메라를 등지고 의자에 앉아 있습니다. 선생님만 유일하게 서 있습니다.)

3 One of the students <u>is</u> handing **a piece of paper** to **the teacher.**

- 여러 명을 명시한 후 그들 중 한 명을 상세묘사 하고 싶다면 '상세묘사 인물 of 다수' 형식으로 문장을 시작합니다.
  * One of the students <u>is</u> ~ (이 학생들 중에 한 명은)
  * Two of the women <u>are</u> ~ (이 여자들 중에 두 명은)
  * Some of the employees <u>are</u> ~ (이 직원들 중에 몇 명은)
- 'handing 무엇 to 누구' ('누구'에게 '무엇'을 주고 있다) 기억해둘만한 표현입니다. 'giving 무엇 to 누구' 와 동일하게 사용 할 수 있습니다.

사물 / 배경 묘사

1 This room is brightly lit **by some lights in the ceiling.**

- 시간이 부족하면 This room is brightly lit. 에서 문장을 마무리해도 됩니다.

2 In the background, there are some whiteboards on the wall.

- ~s를 꼭 넣어야 합니다.

끝 문장

Overall, this picture gives out a calm feeling because there is not much movement in the scene.

짧은 버전

- Overall, this picture gives out a calm feeling.
- Overall, there is not much movement in the scene.

노트테이킹

시험 중에 필기가 가능합니다. 준비 시간 동안 전체 답변을 다 필기할 수는 없습니다.
자신에게 필요한 키워드를 차례대로 + 신속하게 필기하는 연습이 필요합니다.

★ 필기 시 키워드가 될 수 있는 부분

This picture was taken at a place that appears to be a classroom. There are many people in the scene: one teacher and several students. All of the students are sitting and the teacher is standing. One of the students is handing a piece of paper to the teacher. This room is brightly lit by some lights in the ceiling. In the background, there are some whiteboards on the wall. Overall, this picture gives out a calm feeling because there is not much movement in the scene.

★ 실제 필기 예시

1   Classroom

----

2   many people: 1 teacher & several students

3   All of the students - sitting / the teacher – standing

4   1 of the students - handing __ to __

----

5   room - brightly lit / some lights – ceiling

6   background-some whiteboards / wall

----

7   calm

실전 5. (모범답변)

This picture was taken inside a spacious building. There are two people in the scene: a man and a woman. They are sitting at a table and having a conversation. They are both wearing formal clothes. On the table, I can see a cup and a laptop computer. There are many windows in the left of the scene. And I can also see some stairs in the background. Overall, this picture gives out a calm feeling because there is not much movement in the scene.

첫 문장

This picture was taken inside <u>a spacious building</u>.

'~안에서'는 'inside ~'입니다. ~밖에서 (outside~), ~앞에서 (in front of ~) 모두 자주 출제되므로 숙지해야 하는 표현입니다.

사람 묘사

1 **There are** two people **in the scene:** a man **and** a woman.

- '사진속에 남1과 여1이 있습니다.' 보다 조금 더 문장을 길게 하기 위해
  '사진속에 두 명의 사람들이 있습니다 : 남1과 여1' 형식으로 문장을 구성하였습니다.

2 They are <u>sitting at a table</u> and <u>having a conversation</u>.

- 두 가지의 행동을 '행동1 ing AND 행동2 ing' 와 같이 and 앞 뒤로 넣는 것은 길이를 줄이면서도 퀄리티 좋은 문장을
  만드는 방법 중 하나입니다.

3 They are both **wearing formal clothes.**

- 두 명 묘사 시, 아주 유용한 표현 they are both!

사물 / 배경 묘사

1 <u>On the table</u>, I can see a cup and a laptop computer.

2 There are **many windows** <u>in the left of the scene</u>.

3 And I can also see **some stairs** <u>in the background</u>.

- 위 묘사 <u>밑줄 부분</u>을 보면 해당 사물이 사진 속 어느 곳에 위치하고 있는지 알 수 있습니다.
- 다양한 말투를 사용하면 유창성이 더욱 돋보일 수 있습니다.

끝 문장

Overall, this picture gives out a calm feeling because there is not much movement in the scene.

짧은 버전

- Overall, this picture gives out a calm feeling.
- Overall, there is not much movement in the scene.

시험 중에 필기가 가능합니다. 준비 시간 동안 전체 답변을 다 필기할 수는 없습니다.
자신에게 필요한 키워드를 차례대로 + 신속하게 필기하는 연습이 필요합니다.

★ 필기 시 키워드가 될 수 있는 부분

This picture was taken inside a spacious building. There are two people in the scene: a man and a woman. They are sitting at a table and having a conversation. They are both wearing formal clothes. On the table, I can see a cup and a laptop computer. There are many windows in the left of the scene. And I can also see some stairs in the background. Overall, this picture gives out a calm feeling because there is not much movement in the scene.

★ 실제 필기 예시

1   inside a spacious building

----

2   2 people: 1 man & 1 woman

3   sitting at a table & having a conversation

4   They are both - formal clothes

----

5   On the table - a cup & a laptop computer

6   many windows - left

7   some stairs – background

----

8   calm

Part3 포인트

— 질문에 답을 하는 파트입니다.

— 준비시간이 짧아 순발력이 필요합니다.

— 준비시간이 짧기에 필기는 오히려 방해가 될 수도 있습니다.

— "최근에 공원에 간 것이 언제입니까?" 라는 질문에 진짜 언제 갔었는지 생각할 필요 없습니다.

　1주 전, 2달 전 등 쉽고 빠른 답변이 좋습니다.

— 질문의 내용은 화면에 그대로 나옵니다. 듣기 능력이 필요한 파트가 아닙니다.

— 모든 답변은 '삐~' 소리 듣고, 1초 후에 스피킹 시작하세요.

PART3는 '설문조사 유형'과 '지인과의 대화 유형' 두 가지 중 하나가 출제됩니다.

영어에는 반말, 존댓말의 구분이 없기 때문에 두 가지 유형 모두 동일한 형식의 답변 기술을 사용할 수 있으며, 문제에서 다루는 주제나 질문 형식도 큰 차이가 없습니다.

TOEIC Speaking **Question 5-7 of 11**

Imagine that a local company is doing research about public transportation. You have agreed to participate in a telephone interview about traveling by bus.

Q5. When was the last time you took a bus, and where did you go?

PREPARATION TIME	RESPONSE TIME
00:00:03	00:00:15

Q6. How far away is the nearest bus stop from your home?

PREPARATION TIME	RESPONSE TIME
00:00:03	00:00:15

Q7. Which of the following is the most important to you when taking a bus?

Transportation fee
Convenient stops
Comfortable seating

PREPARATION TIME	RESPONSE TIME
00:00:03	00:00:30

TOEIC Speaking **Question 5-7 of 11**

Imagine that someone you know is planning to move to your neighborhood. You are having a conversation about shopping in your hometown.

Q5. Are there many shopping centers in your area?

PREPARATION TIME	RESPONSE TIME
00:00:03	00:00:15

Q6. How often do you go shopping, and who do you usually go with?

PREPARATION TIME	RESPONSE TIME
00:00:03	00:00:15

Q7. Do you usually get all your clothes from the same shopping center? Why or why not?

PREPARATION TIME	RESPONSE TIME
00:00:03	00:00:30

1 기본 답변 만들기

질문을 활용하면 기본 답변을 쉽게 만들 수 있습니다.

---

1 질문 예시 When was <u>the last time you went shopping</u>?

모범 답변 <u>The last time I went shopping</u> was yesterday.

> **When 질문 답변 키워드**
>
> · this morning – 오늘 아침에
>
> · yesterday – 어제
>
> · (about) ~week(s) ago – (대략) ~주 전에
>
> · (about) ~month(s) ago – (대략) ~개월 전에
>
> · (about) ~year(s) ago – (대략) ~년 전에
>
> · in the morning / in the afternoon / at night – 오전에 / 오후에 / 밤에

---

2 질문 예시 Where <u>would you like to go</u> on your next vacation?

모범 답변 On my next vacation, <u>I would like to go</u> to America.

혹은

모범 답변 <u>I would like to go</u> to America on my next vacation.

Where 질문 답변 키워드

정보 관련 질문일 경우

· through the Internet / on the Internet - 인터넷으로 / 인터넷상에서

· through my friends - 내 친구들을 통해

장소 관련 질문일 경우

· a department store - 백화점

· to a department store - 백화점으로

· to the department store near my house - 우리 집 근처 백화점으로

· at a department store - 백화점에서

· at the department store near my house - 우리 집 근처 백화점에서

· a grocery store - 식료품점

· to a grocery store - 식료품점으로

· to the grocery store near my house - 우리 집 근처 식료품점으로

· at a grocery store - 식료품점에서

· at the grocery store near my house - 우리 집 근처 식료품점에서

· a park - 공원

· to a park - 공원으로

· to the park near my house - 우리 집 근처 공원으로

· at a park - 공원에서

· at the park near my house - 우리 집 근처 공원에서

+ 그 외 장소 - etc

3 질문 예시   When you go shopping, who do you usually go with?

모범 답변   When I go shopping, I usually go with my best friend.

질문 예시   When you go shopping, who usually goes with you?

모범 답변   When I go shopping, my best friend usually goes with me.

Who 질문 답변 키워드

· (with) Sarah / Tom 등 사람 이름 – Sarah / Tom (과 함께)

· (with) my sister – 내 여동생 / 언니 / 누나 (와 함께)

· (with) my best friend – 나의 가장 친한 친구 (와 함께)

· (with) my mom – 엄마 (와 함께)

---

4 질문 예시   What is your favorite season?

모범 답변   My favorite season is summer.

What 질문 답변 키워드

질문과 관련 있는 특정한 '**명사**' 혹은 '**동사ing**'

기억하세요

· Can you tell me -?

· Tell me -.

· Describe -.

위와 같이 시작되는 질문은 what으로 간주하면 됩니다.

→   **What is your favorite season?**
    (당신이 가장 좋아하는 계절은 무엇인가요?)

→   **Can you tell me about your favorite season?**
    (당신이 가장 좋아하는 계절에 대해 말해 주시겠어요?)

→   **Tell me about your favorite season.**
    (당신이 가장 좋아하는 계절에 대해 말해 주세요.)

→   **Describe your favorite season.**
    (당신이 가장 좋아하는 계절을 묘사해 보세요.)

에 대한 답변은 **My favorite season is –** 로 시작할 수 있습니다.

---

5 질문 예시 How often do you exercise?

모범 답변 I exercise almost every day.

How often 질문 답변 키워드

· almost every day – 거의 매일

· (about) once a week – (대략) 일주일에 한번

· two or three times a week – 일주일에 두세 번

· (about) once a month – (대략) 한 달에 한번

· two or three times a month – 한 달에 두세 번

· every once in a while – 이따금씩, 가끔

기억하세요

'How+형용사' 질문 중 'How often'이 압도적으로 많이 출제되지만
다른 형용사가 출제되기도 하므로 다양하게 준비하는 것이 좋습니다.

How long 질문 답변 키워드

· (for) thirty minutes – 30분 (동안)

· (for) two months – 2개월 (동안)

· (for) five years – 5년 (동안)

How much 질문 답변 키워드

· (about) twenty dollars - (대략) 20달러

· (about) thirty minutes - (대략) 30분

· (about) two hours - (대략) 2시간

How close / How far 질문 답변 키워드

· (about) five minutes away - (대략) 5분 거리

· (about) an hour away - (대략) 1시간 거리

→　　by car 차로

→　　by bus 버스로

→　　by subway 지하철로

→　　on foot 걸어서

How long 질문 답변 키워드

· (about) thirty minutes - (대략) 30분

· (about) two hours - (대략) 2시간

· one / two - 하나 / 둘

· once / twice / three times - 한 번 / 두 번 / 세 번

6 질문 예시 Do you think <u>your area needs more parks</u>?

모범 답변 (Yes,) I think <u>my area needs more parks</u>.

네/아니요 질문 답변 키워드

· (Yes,) I think _____.

· (No,) I don't think _____.

· (Yes,) I like _____.

· (No,) I don't like _____.

· (Yes,) I would _____.

· (No,) I wouldn't _____.

· (Yes,) it is _____.

· (No,) it isn't _____.

7 질문 예시 <u>Whcn you shop for a computer</u>, do you prefer to go to a store in person, or to shop online?

모범 답변 <u>When I shop for a computer</u>, I prefer to go to a store in person.

혹은

모범 답변 <u>When I shop for a computer</u>, I prefer to shop online.

양자택일 질문 답변 키워드

· I prefer 택1.

· I would rather 택1.

· I think 택1.

---

8 질문 예시 When choosing where to shop for a computer, <u>which of the following factors</u> would most influence your choice?

<u>The variety of products available</u>
<u>The store's reputation</u>
<u>The convenience of the location</u>

모범 답변 When choosing where to shop for a computer, <u>the convenience of the location</u> would most influence my choice.

---

3 options 질문 답변 키워드

바로 전에 명시한 '양자택일'과 답변방식에 있어 다를 바가 없습니다. 주어진 선택권이
두 개에서 세 개로 변경되었을 뿐입니다.

2 기본 답변에 추가문장 더하기

질문에 대한 직접적인 답변 후 간단한 추가문장은 가산점에 큰 도움이 됩니다.

1 질문 예시 What is your favorite season?

기본 답변 My favorite season is winter.

기본 답변의 추가 문장 예시

→ I really enjoy winter sports.

→ I have a lot of nice winter clothes.

→ My birthday is in winter.

2 질문 예시 Where do you go when you want to be alone?

기본 답변 When I want to be alone, I usually go to my room.

기본 답변의 추가 문장 예시

→ My room is very quiet and cozy.

→ Spending time in my room is always relaxing.

3 질문 예시 Where would you like to go on your next vacation?

기본 답변 On my next vacation, I would like to go to America.

> 기본 답변의 추가 문장 예시
>
> → I have many friends in America.
>
> → My best friend lives in America. (And I really want to visit him.)

4 질문 예시 When was the last time you went shopping?

기본 답변 The last time I went shopping was about two weeks ago.

> 기본 답변의 추가 문장 예시
>
> → I went with my mom.
>
> → I bought some t-shirts and jeans.
>
> → I usually go shopping once or twice a month.

5 질문 예시 How often do you exercise?

기본 답변 I exercise almost every day.

> 기본 답변의 추가 문장 예시
>
> → I usually exercise with my best friend.
>
> → I like to play soccer with my friends.
>
> → Exercising is one of my favorite hobbies.

6 질문 예시   How often do you listen to music?

기본 답변   I listen to music almost every day.

> 기본 답변의 추가 문장 예시
>
> → I usually listen to music at night in my room.
>
> → I especially enjoy listening to classical music.

7 이와 같이 하나의 문항에 두 개의 질문이 들어 있는 경우에는 그 두 개의 질문 모두에 대한 명확한 답변을 해야 합니다. 이 경우에는 답변에 추가문장을 넣을 필요성이 줄어들지만, 아이디어도 있고 시간도 허락된다면 추가문장을 넣는 것이 점수에 도움을 줄 수 있습니다.

질문 예시   Where in your area can you buy sporting goods? How far away is that store from your home?

기본 답변   I can buy sporting goods at the department store near my house. That store is about five minutes away from my home.

> 기본 답변의 추가 문장 예시
>
> → I go there once or twice a month.
>
> → The last time I went there was yesterday.

8 질문 예시   When was the last time that you went to a shoe store? And did you buy anything?

기본 답변   The last time I went to a shoe store was about two weeks ago. And I bought three pairs of sneakers.

> 기본 답변의 추가 문장 예시
>
> → I really like my new sneakers.
>
> → I went to the store with my mom.

3 Part3와 Part5 필수 표현 익히기 (1탄)

질문이 어떤 카테고리에 들어가는지 파악 가능하다면, 해당 카테고리 질문 답변 시 사용 가능한 표현들을 순 발력 있게 활용할 수 있습니다. 지금부터 배울 표현들은 토익스피킹의 가장 마지막 파트(Q11 – Express an Opinion)에서도 아주 유용하게 사용하게 될 표현들입니다. 즉, 지금 좀 고생해서 이 표현들을 열심히 나의 것 으로 만들어 놓으면 토익스피킹에서 가장 어렵다고 소문난 마지막 파트에서 한층 편하게 공부할 수 있다는 의 미입니다.

1 시간/흥미/취미/관심사 관련 문제 출제 시 돌려쓰기 표현

> 시간/흥미/취미/관심이 없는 경우

→ I am very busy these days. I have a lot of new projects at work.
(요즘 회사가 엄청 바빠요. 새로운 프로젝트가 많거든요.)

→ Personally, I'm not very interested in _____.
(개인적으로 _____에 관심이 별로 없어요.)

→ There are no _____s near where I live.
(제가 사는 곳 가까이에는 _____가 없어요.)

> 시간/흥미/취미/관심이 있는 경우

→ Personally, I'm very interested in _____.
(개인적으로 _____에 관심이 많아요.)

→ _____ is one of my favorite hobbies.
(_____는 제가 가장 좋아하는 취미 중 하나입니다.)

→ _____ always enhances my mood.
(_____는 언제나 제 기분을 향상시켜 줍니다)

→ _____ always relieves my stress.
(_____는 언제나 제 스트레스를 풀어 줍니다.)

→ Personally, I have a lot of free time these days.
(개인적으로 요즘 남는 시간이 많아요.)

→ There is a great _____ near where I live / only 5 minutes away from where I live.
(우리 집 가까이 / 우리 집에서 5분 거리에 굉장히 좋은 _____이 있어요.)

2 실내 or 실외 관련 문제 출제 시 돌려쓰기 표현

실내

→ I don't have to worry about bad weather / walking back and forth / wasting time / setting up a place to meet.
(안 좋은 날씨 / 왔다 갔다 걷는 것 / 시간 낭비하는 것 / 만날 장소 정하는 것에 대해 걱정하지 않아도 됩니다.)

→ Personally, I can concentrate much better when I'm inside.
(개인적으로 실내에 있을 때 집중이 더 잘돼요.)

실외

→ I can get fresh air while 문장.
(문장 예시:I enjoy the concert) (문장을 하는 동안 신선한 공기를 즐길 수 있습니다.)

→ Personally, I can concentrate much better when I'm outside.
(개인적으로 실외에 있을 때 집중이 더 잘돼요.)

3 '혼자' or '함께' 관련 문제 출제 시 돌려쓰기 표현

혼자

→ I can concentrate much better when I _____.
(밑줄 예시:study alone) (저는 _____하면 집중이 훨씬 잘돼요.)

→ Managing 누구's (my / your / their / one's) time becomes easier.
(So, 누구 would be able to start, finish or take a break whenever 누구 (I / you / he / she / they) want(s). ('누구'의 시간을 관리하는 것이 더 쉬워집니다. (그래서, '누구'는 자기가 원할 때 시작하고, 끝내고, 휴식할 수 있습니다.))

→ Personally, I am an introverted person.
(I feel more comfortable when I am by myself.) (개인적으로, 저는 내성적인 사람입니다. (혼자 있을 때 더 편안함을 느껴요.))

함께

→ 누구 and I can share useful information about _____.
('누구'와 저는 _____에 관한 유용한 정보를 공유할 수 있어요.)

→ If I have questions about something, I can ask 누구.
(무언가에 대해 질문이 있다면 '누구'에게 물어볼 수 있습니다.)

→ Spending time with other people is more fun than being alone.
(혼자 있는 것보다 다른 사람들과 함께 시간을 보내는 것이 더 즐겁습니다.)

→ Personally, I am an extroverted person.
(I feel more comfortable when I'm with people.)
(개인적으로, 저는 외향적인 사람이에요. (사람들과 함께일 때 더 편안함을 느껴요.))

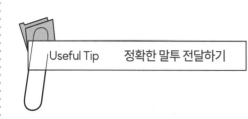

Useful Tip   정확한 말투 전달하기

필수 표현들은 시험에 굉장히 자주 사용할 수 있는 표현들이지만 이 표현들 만으로 '모든' 문제의 답변을 할 수 있는 것이 아닙니다. 그렇기 때문에 나만의 문장을 만들어 보는 연습은 필수입니다. 준비 시간이 아주 짧은 파트이기 때문에 복잡한 문장을 고민하고 영작하다가 오히려 잦은 실수가 나올 수 있으므로 간단하더라도 실수가 없는 문장 만들기 위주로 연습하는 것이 효율적입니다.

〉 **주어 can 동사.** ('주어'는 '동사'할 수 있다.)

〉 **주어 should 동사.** ('주어'는 '동사'해야 한다.)

〉 **주어 (would) has/have to 동사.** ('주어'는 '동사'해야 한다 (해야만 할 것이다).)

〉 **주어 (would) need/needs to 동사.** ('주어'는 '동사'해야 할 필요가 있다 (해야 할 필요가 있을 것이다).)

〉 **주어 (would) want/wants to 동사.** ('주어'는 '동사'하고 싶어 한다. (하고 싶어 할 것이다))

〉 **주어 would be able to 동사.** ('주어'는 '동사'할 수 있을 것이다.)

〉 **주어 is/are 형용사.** ('주어'는 '형용사'이다.)

〉 **주어 can be 형용사.** ('주어'는 '형용사'일 수 있다.)

〉 **주어 should be 형용사.** ('주어'는 '형용사'여야 한다.)

〉 **주어 (would) has/have to be 형용사.** ('주어'는 '형용사'여야 한다(여야만 할 것이다).)

〉 **주어 (would) need/needs to be 형용사.** ('주어'는 '형용사'여야 할 필요가 있다(해야 할 필요가 있을 것이다).)

〉 **주어 (would) want/wants to be 형용사.** ('주어'는 '형용사'이고 싶어 한다(이고 싶어 할 것이다).)

〉 **주어 would be able to be 형용사.** ('주어'는 '형용사'일 수 있을 것이다.)

〉 **주어 is/are (usually/very/always) 형용사.** ('주어'는 (주로/아주/항상) '형용사'이다.)

위 문장에 추가할 수 있는 표현

+ **when 문장** ('문장'인 상황에서는)

+ **if 문장** ('문장'이라면)

+ **because 문장** ('문장'이기 때문에)

+ **in order to 동사** ('동사'하기 위해서 / '동사'할 수 있도록)

Part3와 Part5 필수 표현 익히기 (2탄)

문장 속 단어 한두 개만 변경해도 아주 많은 질문에 좋은 답변 역할을 할 수 있는 추가 표현들을 배워보겠습니다. Q5,6,7 그리고 Q11의 답변에 폭 넓게 사용할 수 있는 문장들이기 때문에 꼭! 연습해야 하는 표현들입니다.

1 A can have a positive effect on B.

(A는 B에 긍정적인 영향을 미칠 수 있다.) (A / B = '명사' or '~ing')

EX Having good manners can have a positive effect on maintaining healthy relationships with others.

(좋은 매너를 갖는 것은 다른 이들과 건강한 관계를 유지하는 것에 긍정적인 영향을 미칠 수 있다.)

EX Spending time alone can have a positive effect on my mood.

(혼자 시간을 보내는 것은 나의 기분에 긍정적인 영향을 미칠 수 있다.)

2 A can have a negative effect on B

(A는 B에 부정적인 영향을 미칠 수 있다.) (A / B = '명사' or '~ing')

EX Studying with other people can have a negative effect on my concentration.

(다른 사람들과 함께 공부하는 것은 나의 집중력에 부정적인 영향을 미칠 수 있다.)

3 A can protect B from C.

(A는 B를 C로부터 보호할 수 있다.) (A / B / C = '명사' or '~ing')

EX Having a cell-phone can protect someone from dangerous situations.

(휴대폰을 갖는 것은 위험한 상황으로부터 누군가를 보호할 수 있다.)

EX Recycling can protect the environment from pollution.

(재활용을 하는 것은 오염으로부터 환경을 보호할 수 있다.)

4   A can distract B from C.

(A는 B가 C하는 걸 방해할 수 있다.) (A / B / C = '명사' or '~ing')

EX Sharing an office can distract people from their tasks.

(사무실을 함께 사용하는 것은 사람들이 그들의 업무를 수행하는 것을 방해할 수 있다.)

5   It is convenient for (누구) to (동사원형) when / if (문장)

((문장)의 경우에, (누구)는 (동사원형)하기가 편리하다.)

EX It is convenient for people to get information if they use the Internet.

(그들이 인터넷을 사용하면, (사람들은) 정보를 얻기가 편리합니다.)

6   It is inconvenient for (누구) to (동사원형) when / if (문장)

((문장)의 경우에, (누구)는 (동사원형)하기가 불편하다.)

EX It is inconvenient for people to use the subway when it is crowded.

(지하철이 복잡할 때에, 그것을 이용하는 것은 (사람들에게) 불편합니다.)

7   It is difficult for (누구) to (동사원형) when / if (문장)

((문장)의 경우에, (누구)는 (동사원형)하기가 어렵다.)

* 상황에 따라 'when / if (문장)' 부분은 생략해도 좋습니다.

EX It is difficult for me to ask questions if I take online classes.

(온라인 수업을 듣는다면 질문하기가 (나에게) 어렵습니다.)

8 It is easy for (누구) to (동사원형) when / if (문장)

((문장)의 경우에, (누구)는 (동사원형)하기가 쉽다.)

* 상황에 따라 'when / if (문장)' 부분은 생략해도 좋습니다.

EX It is easy for me to lead a project if my coworkers help me.

(나의 동료들이 도와준다면, (내가) 프로젝트를 진행하기가 쉽습니다.)

9 It is important for (누구) to (동사원형1) in order to (동사원형2)

((동사원형2)를 하기 위해 (누구)가 (동사원형1)하는 것이 중요하다.)

* 상황에 따라 'in order to (동사원형2)' 부분은 생략해도 좋습니다.

EX It is important for me to choose the subjects that I study in order to enjoy what I learn.

(내가 배우는 것을 즐기기 위해서 내가 공부할 과목을 선택하는 것은 (나에게) 중요합니다.)

EX It is important for people to use the Internet in order to get information.

(정보를 얻기 위해 인터넷을 사용하는 것은 (사람들에게) 중요합니다.)

EX It is important for people to have good communication skills in order to get along with one another.

(서로서로 잘 지내기 위해 좋은 커뮤니케이션 실력을 갖는 것은 (사람들에게) 아주 중요합니다.)

10 A is directly related to B.

(A는 B와 직결된다.) (A / B = '명사' or '~ing')

EX Having good communication skills is directly related to people's work efficiency.

(좋은 커뮤니케이션 실력을 갖는 것은 사람들의 업무 능률과 직결됩니다.)

EX Using public transportation is directly related to protecting the environment.

(대중교통을 이용하는 것은 환경을 보호하는 것과 직결됩니다.)

EX Great teamwork is directly related to productivity.

(좋은 팀워크는 생산성과 직결됩니다.)

5 기본 답변 만들기 (30초 - Q7)

30초 답변을 요구하는 Q7에서는 답변의 기본 틀을 잘 잡아 놓는 것이 중요합니다. 체계적인 답변 구성은 좋은 점수를 받는 데 아주 중요한 역할을 합니다.

30초 답변의 기본 구성

① **서론:** 여러 가지 이유로 ~라고 생각한다.

② **본론(이유 1):** 첫 번째 이유는 ~이다.

③ **본론(이유 2):** 두 번째 이유는 ~이다.

④ **결론:** 그러므로 이것들이 ~라고 생각하는 주된 이유이다.

---

1 | 질문 예시 | Do you prefer cooking at home or eating out? Why?

(당신은 집에서 요리하는 것과 외식하는 것 중 무엇을 선호하시나요?)

기본 답변

서론: I prefer cooking at home. <u>I have a few reasons for this</u>.

(나는 집에서 요리하는 것을 선호해. 이것에는 몇 가지 이유가 있어.)

본론(이유 1): <u>The first reason is that</u> home-made food is healthier.

(첫 번째 이유는 집에서 만든 음식이 더 건강하다는 거야.)

본론(이유 2): <u>Also</u>, I don't need to worry about getting ready to go out.

(그리고, 외출 할 준비하는 것을 걱정 안 해도 되잖아.)

결론: <u>So, these are the main reasons why</u> I prefer cooking at home.

(이것들이 내가 집에서 요리하는 것을 선호하는 주요 이유야.)

→ 위 답변 예시에서 템플릿의 역할을 하는 밑줄 부분은 꼭 기억하세요!

2 　질문 예시　 What are the main advantages of buying products online?
(온라인으로 제품을 구매하는 것의 장점은 어떤 것들이 있나요?)

　기본 답변　

서론: There are several advantages of buying products online.
(온라인으로 제품을 구매하는 것에는 여러 개의 장점이 있습니다.)

본론(이유 1): <u>First of all</u>, it is convenient because I don't have to worry about walking back and forth.
(첫째, 왔다갔다 하는 것에 대해 걱정 안 해도 되고요.)

본론(이유 2): <u>Also</u>, I can look at many items and compare.
(또한, 많은 제품들을 보고 비교할 수 있습니다.)

결론: So, these are the main advantages of buying products online.
(이것이 온라인으로 제품을 구매하는 것의 주요 장점들입니다.)

→ 'advantages (장점), disadvantages (단점), factors/aspects (요소), ways (방법)' 이라는 단어가 질문 안에 들어가 있는 경우에는 답변의 첫 문장과 마지막 문장에 reasons라는 단어가 들어가지 않습니다. 만일 첫 문장을 'There are several advantages of buying products online for several reasons.'라고 하면, '여러 가지 이유로 온라인으로 제품을 구매하는 것에는 여러 가지 장점이 있습니다.'라는 애매한 의미가 됩니다. 마지막 문장에서도 'So, these are the main reasons of buying products online. '이것이 온라인으로 제품을 구매하는 것의 주요 이유들입니다.'라고 하면 요점을 벗어난 문장이 됩니다. 장점을 물어본 질문이지 장점이 있는 이유를 물어본 것이 아니기 때문입니다.

Useful Tip   지인과의 대화 유형에서

앞서 'PART 3 파악하기'에서 명시했듯 Part 3에는 '설문조사 유형'과 '지인과의 대화 유형' 두 가지 중 하나가 출제됩니다. 동일한 형식으로 답변 가능하나 '지인과의 대화 유형'은 상대가 아는 사람임을 가정하고 답하는 것이므로 아래 표현들을 활용할 수 있습니다. 이런 표현들이 필수는 아니지만, 아이디어나 영작에 대한 고민 없이도 답변 시간을 조금이나마 채워 준다는 장점이 있습니다.

〉 **Well. / Hmm.**
(음. / 흠.)

〉 **Well, let me see. / Well, let me think.**
(글쎄. 어디 보자.)

〉 **I've never thought about it. Hmm. Let me see.**
(이것에 대해 한번도 생각해 본 적이 없는데. 음. 어디 보자.)

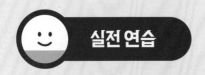

TOEIC Speaking

Questions 5 - 7: Respond to questions

Directions: In this part of the test , you will answer three questions. You will have 3 seconds to prepare after you hear each question. You will have 15 seconds to respond to Questions 5 and 6, and 30 seconds to respond to Question 7.

TOEIC Speaking　　　　　　**Test 1**　　　　　　 VOLUME

Imagine that a tourism bureau is doing research in your area. You have agreed to participate in a telephone interview about restaurants.

Q5. When was the last time you went to a restaurant? Who did you go with?

PREPARATION TIME	RESPONSE TIME
00:00:03	00:00:15

Q6. Would you ever go to a restaurant alone? Why or why not?

PREPARATION TIME	RESPONSE TIME
00:00:03	00:00:15

Q7. Which of the following is the most important factor you consider when choosing a restaurant? Why?

Friendly employees
Convenient location
Comfortable ambiance

PREPARATION TIME	RESPONSE TIME
00:00:03	00:00:30

TOEIC Speaking — Test 2

VOLUME

Imagine that a tourism bureau is doing research in your area. You have agreed to participate in a telephone interview about visiting exhibitions.

Q5. How often do you visit an art exhibition?

PREPARATION TIME	RESPONSE TIME
00:00:03	00:00:15

Q6. How far would you be willing to travel to visit an art exhibition? Why?

PREPARATION TIME	RESPONSE TIME
00:00:03	00:00:15

Q7. When you visit art exhibitions, do you prefer to go alone or with other people? Why?

PREPARATION TIME	RESPONSE TIME
00:00:03	00:00:30

TOEIC Speaking — Test 3

VOLUME

Imagine that you are talking on the phone with one of your friends. You are having a conversation about live concerts.

Q5. When was the last time you saw a live concert and who did you go with?

PREPARATION TIME	RESPONSE TIME
00:00:03	00:00:15

Q6. What kind of concerts do you usually enjoy?

PREPARATION TIME	RESPONSE TIME
00:00:03	00:00:15

Q7. If you have two options, outdoor seats or indoor seats, which do you prefer?

PREPARATION TIME	RESPONSE TIME
00:00:03	00:00:30

Imagine that a fitness magazine is doing research in your community. You have agreed to participate in a telephone interview about exercising.

Q5. Where do you usually exercise? How far is the place from your home?

PREPARATION TIME	RESPONSE TIME
00:00:03	00:00:15

Q6. What is your favorite type of exercise? Why?

PREPARATION TIME	RESPONSE TIME
00:00:03	00:00:15

Q7. What are some advantages of exercising at a fitness center?

PREPARATION TIME	RESPONSE TIME
00:00:03	00:00:30

Imagine that an English magazine is doing research in your area. You have agreed to participate in a telephone interview about community events in your neighborhood.

Q5. How do you usually find out about community events in your neighborhood?

PREPARATION TIME	RESPONSE TIME
00:00:03	00:00:15

Q6. When was the last time you attended a community event? And who did you go with?

PREPARATION TIME	RESPONSE TIME
00:00:03	00:00:15

Q7. Which of the following events are you most likely to attend? Why?

A marathon
A food festival
A music concert

PREPARATION TIME	RESPONSE TIME
00:00:03	00:00:30

모범 답변 및 해설

실전 1.

Imagine that a tourism bureau is doing research in your area. You have agreed to participate in a telephone interview about restaurants.

Q5

- **When** was <u>the last time you went to a restaurant</u>? **Who** did you go **with**?

→ <u>The last time I went to a restaurant</u> was **yesterday**. I went **with my mom**.
   We went to a Mexican restaurant.

1. 질문에 was라고 분명히 나와 있는데도 불구하고 The last time I went to a restaurant is~ 라고 답변을 시작하는 사람들이 꽤 많습니다. 질문이 was라면 답변도 was!

2. did 와 현재 동사의 조합이 문제에 보이면 답변 시 '과거 동사'를 사용해야 하는 것을 잊지 마세요.

- **Where** did you study-?
→ I studied-.

- **Who** did you meet-?
→ I met-.

- **What** did you eat-?
→ I ate-.

- **Where** did you last see-?
→ I last saw-.

3. When 이라는 질문에 yesterday, Who라는 질문에 with my mom이라는 답변은 '공식' 중 하나입니다.
    '공식'과 친해져야 빠른 답변이 나올 수 있습니다.

4. We went to a Mexican restaurant. 이라는 추가 문장은 다른 문장으로 교체해 보는 연습을 해 보세요.
    답변 속 앞 서 말한 내용과 연결되는 흐름이 자연스럽다면 어떤 문장이든 좋습니다.

Q6

- Would you ever **go to a restaurant alone**? Why or why not?

→ Actually, I would never **go to a restaurant alone**. I am an extroverted person.
Spending time with other people is more fun than being alone.

1. 친구가 나에게 "너는 단 한번이라도 ~할 의사가 있니?" 라고 물을 때, "응, 나는 단 한번이라도 ~할 의사가 있어." 라는
    답변은 이상합니다. Would you ever~? 라는 질문에 긍정적인 답변을 할 것이라면 답변에는 ever라는 단어는
    빼야 합니다.

    - Would you ever go to a restaurant alone?
    → Yes, I would go to a restaurant alone.

2. '혼자 vs. 함께' 관련 질문입니다. 부정적인 답변에는 '함께,' 긍정적인 답변에는 '혼자'관련 표현들을 적극적으로
    사용하면 되겠습니다.

Q7

- Which of the following is the most important factor you consider **when choosing a restaurant**? Why?

    Friendly employees
    Convenient location
    Comfortable ambiance

→ **When choosing a restaurant**, **friendly employees** are the most important factor I consider.
I have a few reasons for this. First of all, it is difficult for me to have an enjoyable time if the
employees are unfriendly. Also, if the employees are not nice, I can't trust their food either.
So, these are the main reasons why **friendly employees** are the most important factor I
consider.

1. friendly employees는 복수명사이므로 질문에 들어있는 is를 답변 시에는 are로 변경해야 합니다.

2. 본론에 들어가는 첫 번째 이유는 First of all, 혹은 The first reason is that~으로 시작하고, 두 번째 이유는 Also, Another reason is that~ 혹은 The second reason is that~ 으로 시작하면 좋습니다. 정리가 깔끔한 답변으로 들리고 시간도 몇 초 채워 줄 수 있으니 일석이조입니다.

3. "It is important for 누구 to동사 (if 문장)." 그리고 "(if 문장,) 주어 can / can't / could/ couldn't / would/ wouldn't 동사." 와 같은 필수 표현들을 활용하는 연습을 최대한 많이 해야 합니다.

4. when choosing a restaurant은 마지막 문장 끝 부분에 다시 한 번 넣을 수 있습니다. 남은 시간은 꾸준히 체크하면서 결정해야 할 요소입니다.

5. 실제 시험에서 말하는 도중에 답변 시간이 끝나는 경우를 흔히 볼 수 있습니다. 앞서 명시하였듯 답변을 하는 도중 남은 시간을 계속 체크하는 것이 아주 중요합니다. 답변 마무리 부분에서 시간이 부족할 경우를 대비하여 마지막 문장 길이를 조절하는 방법을 준비하면 큰 도움이 됩니다.

- 긴 버전

  So, these are the main reasons why friendly employees are the most important factor I consider (when choosing a restaurant).

- 짧은 버전

  So, these are the main reasons (FOR MY OPINION).

해설

실전 2.

Imagine that a tourism bureau is doing research in your area. You have agreed to participate in a telephone interview about visiting exhibitions.

Q5

● How often do you visit an art exhibition?

→ I usually visit an art exhibition once a month. There is a nice art gallery right across the street from where I live. I usually go to that one.

1. How often 에 대한 답변은 이미 숙지해 놓은 표현 중 하나를 순발력 있게 제시하세요. once a month를 once or twice a month, once or twice a year, almost every day 등으로 바꿔가며 답변을 말해보는 것도 효율적인 연습입니다.

2. 출제 된 질문(how often) 이외의 질문(when / where/ who 등)을 떠올리고 그에 대한 답변을 추가 문장으로 사용할 수 있습니다.

Q6

● How far would you be willing to travel to visit an art exhibition? Why?

→ Actually, I would not be willing to travel very far to visit an art exhibition because I am very busy at work these days.

1. 답변을 I would be willing to travel to visit an art exhibition~ 으로 시작해 버리면 이 문장 자체가 "나는 art exhibition에 방문하기 위해 이동할 의사가 있다" 로 의미가 마무리 되기 때문에 답변 속 'travel' 뒤에 바로 '얼마나 멀리'를 말해야 합니다.

2. 자연스러운 답변이 가장 좋은 답변입니다. "당신은 art exhibition에 방문하기 위해 얼마나 멀리 갈 의사가 있습니까?"라는 질문에 "1시간 반이요." "45분이요." 와 같은 명확한 시간 제시는 오히려 어색합니다. 그 뒤에 문장을 추가하기도 더 까다로워 집니다. very far (아주 멀리), quite far (꽤 멀리), not very far (멀지 않게) 정도의 답변이 더 어울리는 질문입니다.

3. 추가 문장으로는 앞서 배운 "시간/흥미/취미/관심" 관련 표현을 활용하였습니다.

Q7

- <u>When you visit art exhibitions</u>, do you prefer to go alone or with other people? Why?

→ <u>When I visit art exhibitions</u>, I prefer to go with other people for several reasons. First of all, it is more fun. Since I'm an outgoing person, I like spending time with people. Also, other people and I can share useful information or opinions about the artwork. So, these are the main reasons why I prefer to go with other people <u>when I visit art exhibitions</u>.

1. '양자택일 (A or B)' 유형에서 깔끔한 첫 문장을 만들기 위해서는 질문 속 A (alone)와 B (with other people)가 무엇인지를 정확히 구분하고 그 중 하나를 골라야 합니다.

2. 본론에 들어가는 첫 번째 이유는 First of all, 혹은 the first reason is that~으로 시작하고, 두 번째 이유는 Also, Another reason is that~ 혹은 The second reason is that~ 으로 시작하면 좋습니다.

3. '혼자 vs. 함께' 관련 표현 중 '함께'에 들어가는 문장들이 사용 된 것을 볼 수 있는 답변입니다. 나의 의견을 '혼자'로 변경해 보고 반대 답변 또한 연습해 보세요.

4. 마지막 문장에서 시간 조절 해야 합니다.

- 긴 버전
  So, these are the main reasons why I prefer to go with other people (when I visit art exhibitions).

- 짧은 버전
  So, these are the main reasons (FOR MY OPINION).

실전 3.

Imagine that you are talking on the phone with one of your friends. You are having a conversation about live concerts.

Q5

- When was the last time you saw a live concert and who did you go with?

→ The last time I saw a live concert was last weekend and I went with my friend. It was very interesting.

1. 질문이 was라면 답변도 was!

2. did 와 현재 동사의 조합이 문제에 보이면 답변 시 '과거 동사'를 사용해야 하는 것을 잊지 마세요.
   (질문 did + go, 답변 went)

3. '추가문장'에서 어려운 표현을 구사할수록 더 좋은 점수가 나오는 것이 결코! 아닙니다. 간단한 문장이라도 실수가 없는지, 그리고 이전 문장들과 잘 어울리는지가 중요합니다. 뇌를 쥐어짜서 아이디어를 최대한 많이 만들어 보는 것이 습관화 되어야 합니다. 위 답변 중 It was very interesting. 을

   - I went to a rock concert.
   - I went to a rock concert and it was exciting.
   - Going to live concerts is one of my favorite hobbies.

   등 다양한 문장들로 바꿔 보세요.

Q6

- What kind of concerts do you usually enjoy?

→ I usually enjoy rock concerts. Going to a rock concert always enhances my mood.

1. What 으로 시작하는 질문이 가장 어렵다고 말하는 사람들이 많습니다. 그 이유는 질문과 관련된 특정한 무언가를 빠르게 창작해 내야 하기 때문인데요. 답을 만들어 내는 기술은 연습할수록 늘긴 하지만 사람인지라 시험장에서 그 '특정한 무언가'가 절대로 떠오르지 않는 경우도 있습니다. 이럴 때는 all kinds of concerts (모든 종류의 콘서트) 와 같이 두리뭉실한 답변도 만점이 가능하다는 점! 기억하세요~.

2. 추가 문장으로는 "시간/흥미/취미/관심" 관련 표현 중 "_____ always enhances my mood"를 사용하였습니다.

Q7

- If you have two options, outdoor seats or indoor seats, which do you prefer?

→ I prefer indoor seats. I have a few reasons for this. The first reason is that I don't need to worry about bad weather if I'm inside. Also, personally, I can concentrate much better when I'm inside. So, these are the main reasons why I prefer indoor seats.

1. '양자택일 (A or B)' 유형에서 깔끔한 첫 문장을 만들기 위해서는 질문 속 A (outdoor seats)와 B (indoor seats)가 무엇인지를 정확히 구분하고 그 중 하나를 골라야 합니다.

2. 첫 번째 이유에 First of all, 혹은 the first reason is that~, 두 번째 이유에 Also, Another reason is that~ 혹은 The second reason is that~ 을 잘 활용해 주세요.

3. '실내 vs. 실외' 관련 표현 중 '실내'에 들어가는 문장들이 사용 된 것을 볼 수 있는 답변입니다. 나의 의견을 '실외'로 변경해 보고 반대 답변 또한 연습해 보세요.

4. '지인과의 대화 유형'도 '설문조사 유형'의 답변 방식과 크게 다른 점이 없지만, 원한다면! '지인과의 대화 유형'에서는 답변의 마지막에 What about you? Which do you prefer; outdoor seats or indoor seats? 이런 식으로 상대방에게 되물을 수 있습니다.

 해설

실전 4.

Imagine that a fitness magazine is doing research in your community. You have agreed to participate in a telephone interview about exercising.

Q5

- Where do <u>you usually exercise</u>? How far <u>is the place</u> from your home?

→ <u>I usually exercise</u> at the gym near my house. <u>It is</u> about 5 minutes away from my home. I go there almost every day.

1. Where 질문 답변으로 at the gym near my house / at a park / at the community center near my house 등
   다양하게 내용을 바꿔보는 연습을 해보세요.

2. How far라는 질문에 반드시 2 kilometers / 3 miles 처럼 거리를 말할 필요는 없습니다. 이동 시간을 명시해도 되며 좀 더 상세히 설명을 하려면 by car (차로), by bus (버스로), by subway (지하철로), on foot (걸어서) 등을 추가할 수 있습니다.

3. 출제 된 질문(where / how far) 이외의 질문(how often / who 등)을 떠올리고 그에 대한 답변을 추가 문장으로 사용할 수 있습니다.

Q6

- What is <u>your favorite type of exercise</u>? Why?

→ <u>My favorite type of exercise</u> is running. I like it because I don't need any equipment for it, so I can do it just about anywhere or anytime.

1. "나의 의견 because 이유."를 "나의 의견. I like it because 이유." / "나의 의견. I don't like it because 이유." / "나의 의견. This is because 이유."와 같은 문장 구성 방식으로 살짝 바꾸면 답변 시간을 조금 더 잡아주면서 한층 더 유창하게 들릴 수 있다는 장점이 있습니다.

2. "My favorite type of exercise is running." 이라는 기본답변 뒤에 추가문장은 다른 사람의 만점답변을 외울 필요 없습니다. 이미 친숙한 "Running always enhances my mood." 혹은 "Running always relieves my stress." 와 같은 표현들을 추가해도 위 예시 만큼 아주 좋은 답변입니다. 두 가지의 표현을 합쳐서 "Running always enhances my mood AND relieves my stress."처럼 응용해 보는 것도 아주 효율적인 연습입니다.

Q7

● What are some advantages of exercising at a fitness center?

→ There are several advantages of exercising at a fitness center. First of all, there are many different types of workout machines at a fitness center. Also, exercising with other people can be more fun than exercising alone. So, these are the main advantages of exercising at a fitness center.

1. 장점/단점을 물어보는 질문에서는 답변 첫 문장과 끝 문장에 reasons라는 단어가 들어가지 않는 점 꼭! 명심하세요. 질문에 advantages가 보이면 첫 문장, 끝 문장도 advantages가 들어갑니다.

2. "First of all, there are many different types of workout machines at a fitness center." 가 첫 번째 이유로 사용되었습니다. "There are many 복수명사 at 어디." 라는 꽤 간단한 문장 구조입니다. 출제 되는 모든 문제에 대한 답변을 외운 문장들로만 답변 할 수는 없습니다. 내가 전달하고 싶은 말은 간단하더라도 정확하게 영작하는 연습은 많이 하면 할수록 좋습니다.

3. "나는 최대한 외운 문장에서 승부를 보고 싶다!"라면 외운 표현들을 자유자재로 사용할 수 있도록 완전 익숙해 지는 연습에 치중을 둘 수도 있습니다. 위 질문의 카테고리를 생각해보면 "혼자 vs. 함께" 에도 들어가고, "실내 vs. 실외" 에도 들어갑니다.

   – 다른 멤버들과 정보 공유 할 수 있다.
   – 모르는 것이 있으면 트레이너에게 물어볼 수 있다.
   – 개인적으로 나는 사람들이랑 함께 있을 때 집중이 더 잘 된다.
   – 날씨 걱정 안 해도 된다.

   등 사용할 수 있는 답변 문장들이 다양한 질문입니다.

4. 장점/단점 답변의 마지막 문장에서도 길이 조절을 할 수 있어야 합니다.

- 긴 버전

  So, these are the main advantages of exercising at a fitness center.

- 짧은 버전

  So, these are the main advantages (IN MY OPINION).

→ 장점/단점 유형에서는 for my opinion 말고! in my opinion을 사용합니다. "나의 의견을 위한 장점"이라는 말이 이상하기 때문입니다. in my opinion 은 'I think' 와 흡사합니다. '내 생각엔 이것들이 주요 장점이다"라는 의미 입니다.

실전 5.

Imagine that an English magazine is doing research in your area. You have agreed to participate in a telephone interview about community events in your neighborhood.

Q5

● How do <u>you usually find out about community events in your neighborhood</u>?

→ <u>I usually find out about community events in my neighborhood</u> through the Internet. My community runs a website and I can get information from the website.

1. 정보관련 질문은 where로 시작하는 경우도 있고 how로 시작하는 경우도 있습니다. "어디에서 정보를 얻습니까?" 와 "어떻게 정보를 얻습니까?"의 차이인데 다를 바 없는 의미입니다. through the Internet / on the Internet (인터넷으로 / 인터넷상에서), through my friends (내 친구들을 통해) 등 준비된 표현을 사용하면 편리하게 답변 할 수 있습니다.

2. 위 답변 추가 문장"My community runs a website –." 에서 run은 '운영하다'의 의미를 가집니다.

3. 만점 답변의 내용을 이해하고 연습해 보는 것도 좋은 방법이지만 그보다 훨씬 더 중요한 것은 나만의 문장을 만들어 보는 것입니다.

추가 문장 예시

- It is convenient for me to <u>get information through the Internet</u> because I can use it anytime and anywhere with my phone.
- There are many <u>exciting community events</u> in my neighborhood.
- <u>Using the Internet</u> is one of the best ways to <u>get information about anything</u>.

Q6

- When was <u>the last time you attended a community event</u>? And who did you go with?

→ <u>The last time I attended a community event</u> was about two months ago. I went with my friends. It was a music festival.

1. did + go = went

2. when이나 who처럼 굉장히 자주 나오는 질문을 답할 때 The last time I attended a community event was.. um.. 과 같이 답변의 핵심에서 망설이게 된다면 이것은 영어 수준을 떠나서 연습이 부족한 것입니다. 앞서 배운 '답변 키워드'를 반드시 숙지하세요.

Q7

- Which of the following events <u>are you most likely to attend</u>? Why?

  A marathon
  A food festival
  A music concert

→ <u>I am most likely to attend</u> a music concert. I have a few reasons for this. First of all, **all my friends and I enjoy music.** Also, **going to a music concert always enhances my mood.** These are the main reasons why <u>I am most likely to attend</u> a music concert.

1. 위 답변에 빨간색으로 표시 된 부분은 템플릿입니다. 지금까지 여러 번 접한 내용입니다. 기초 공사가 잘 되어 있어야 그 위에 다른 것을 얹었을 때 무너지지 않습니다. 템플릿 부분에서 결코 실수가 나오지 않도록 해야 합니다.

2. 모든 사람의 말 속도는 다릅니다. 항상 타이머를 켜고 연습하는 것이 좋습니다. 그래야만 자신의 말 속도를 파악하고, 주어진 시간에 어느 정도의 양을 말하는 것이 자신에게 적합한지 측정할 수 있습니다. 타이머를 켜고 위 답변을 말해 보세요. 그리고 아래 제시한 절차를 하나씩 해보며 반복적으로 연습해 보세요.

   → 시간이 남으면 "Going to music concerts is one of my favorite hobbies." 등 다른 문장을 추가 해서 다시 도전

   → 시간이 모자라면 마지막 문장을 "These are the main reasons for my opinion." 으로 바꿔서 다시 도전

   → 그래도 시간이 모자라면 마지막 문장을 "These are the main reasons." 로 바꿔서 다시 도전

04 *Respond to Questions Using Information Provided*

제공된 정보를 사용하여 질문에 답하기

Part4 포인트

— 제공된 정보(표)를 보면서 질문에 답을 하는 파트입니다.

— 질문 전, 정보 읽는 시간 45초 동안, 표만 봐도 질문 예상 어느 정도 가능합니다.

— 질문은 듣기만 가능합니다. 화면에 나오지 않습니다. (표는 계속 볼 수 있음)

— Q10은 같은 질문을 두 번 반복해서 들려줍니다.

— Q10은 답변시간(30초)도 중요합니다. 시간에 맞춰 답변하는 연습이 필요합니다.

— '질문 예상하기' '시간 맞춰 답변하기' 등, 답변 방법 및 노하우 전부 알려드립니다.

Greenville Community Center Festival Preparation Saturday, December 7	
8 – 9am	Welcome Address – Martin McGuff, Mayor
9 – 9:30am	Meeting Resident Representatives
9:30am – Noon	Workshop: Creating Ornaments
Noon – 1pm	Lunch (provided)
1 – 2pm	Discussion: Tasteful Decorations
2 – 3pm	Workshop: Making Pottery
3 – 4pm	Wrap-up Session
*Fee: Adult ($25), Student ($10)	

PREPARATION TIME	RESPONSE TIME
00:00:03	00:00:15

PREPARATION TIME	PREPARATION TIME	RESPONSE TIME
00:00:45	00:00:03	00:00:15

PREPARATION TIME	RESPONSE TIME
00:00:03	00:00:30

Part4 기술

1 표 분석하여 질문 예상하기

45초의 준비 시간 동안 가장 집중해야 하는 부분입니다. 어떤 질문이 나올지에 대해 예상을 해놓으면 답변하기가 훨씬 수월해집니다.

Greenville Community Center Festival Preparation Saturday, December 7 **Q8**	
8 – 9am	Welcome Address – Martin McGuff, Mayor **Q8**
9 – 9:30am	Meeting Resident Representatives **Q8**
9:30am – Noon	Workshop: Creating Ornaments **Q10**
Noon – 1pm	Lunch (provided) **Q9**
1 – 2pm	Discussion: Tasteful Decorations
2 – 3pm	Workshop: Making Pottery **Q10**
3 – 4pm	Wrap-up Session **Q8**
*Fee: Adult ($25), Student ($10) **Q9**	

Q8 행사 장소, 시간, 날짜 / 첫 번째 일정, 마지막 일정

질문 속 빈출 단어

- 장소를 묻는 질문   where / location / room

- 날짜를 묻는 질문   when / what date

- 요일을 묻는 질문   when / what day

- 시간을 묻는 질문   when / what time

- 첫 일정을 묻는 질문   first / begin / start

- 마지막 일정을 묻는 질문   last / end

- 가격을 묻는 질문   how much / price / fee / tuition / cost

Q9　표 밑 추가 정보 / 취소된 일정 / 눈에 띄는 정보

> **질문 속 빈출 단어**
>
> (잘못된 정보 / 취소, 연기된 일정을 언급한 후)
>
> - Right?
>
> - Am I right?
>
> - Is this correct?
>
> - Is this the right information?
>
> - Can you confirm this for me?

Q10　공통된 정보가 포함된 일정 / 점심 전, 후 모든 일정

> **질문 속 빈출 단어**
>
> · 공통된 단어 (특히 동일한 단어가 두 번! 보이는 경우)
>
> · before lunch 혹은 특정 시간
>
> · after lunch 혹은 특정 시간
>
> · 2-3개의 세부 사항을 묶어 주는 하나의 제목
>
> **EX** Children's Activity
>
>   - Making Your Own T-shirt
>
>   - Exercising in Pairs

2 표 내용 문장으로 만들기

1. 답변에 필요한 모든 내용은 표에 제시되어 있습니다. 표 내용을 문장으로 말하는 연습을 해 놓으면, 어떤 문제가 나와도 수월하게 답변할 수 있습니다.

2. 읽어야 할 정보의 가장 앞 단어가 동사이면 'You'나 'We'를 주어로 사용하여, 'You will 동사', 'We will 동사' 방식으로 문장을 만드는 것이 쉽고, 명사일 경우에는 'There will be 명사', 'There is going to be 명사', 'You will have 명사', 'We will have 명사' 등을 사용해 문법 실수를 줄입니다.

Greenville Community Center Festival Preparation ❶ Saturday, December 7	
❷ 8 – 9am	Welcome Address – Martin McGuff, Mayor
❸ 9 – 9:30am	Meeting Resident Representatives
❹ 9:30am – Noon	Workshop: Creating Ornaments
❺ Noon – 1pm	Lunch (provided)
❻ 1 – 2pm	Discussion: Tasteful Decorations
❼ 2 – 3pm	Workshop: Making Pottery
❽ 3 – 4pm	Wrap-up Session
❾ *Fee: Adult ($25), Student ($10)	

❶ The Greenville Community Center Festival Preparation will take place on Saturday, December 7th.

❷ From 8 to 9am, there will be a welcome address given by Martin McGuff, the Mayor.

❸ From 9 to 9:30am, there will be a meeting with the resident representatives.

❹ From 9:30am to Noon, we will have a workshop on Creating Ornaments.

❺ From noon to 1pm, you will have lunch and it will be provided.

❻ From 1 to 2pm, there will be a discussion on Tasteful Decorations.

❼ From 2 to 3pm, we will have another workshop on Making Pottery.

❽ From 3 to 4pm, there is going to be a wrap-up session.

❾ The fee is 25 dollars for adults and 10 dollars for students.

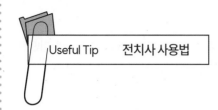

Useful Tip   전치사 사용법

시간, 요일, 날짜, 장소에 대해 답해야 하거나, 위 기본 문장에 시간, 요일, 날짜, 장소 정보를 덧붙여야 할 때 올바른 전치사를 사용해야 합니다.

- 시간 → At 시간 (예시: At 11am)

- 시간~시간 → From 시간 to 시간 (예시: From 1 to 3pm → 날짜, 요일도 동일한 방식)

- 요일 → On 요일 (예시: On Thursday)

- 날짜 → On 날짜 (예시: On September 15th)

- 요일, 날짜 → On 요일, 날짜 (예시: On Thursday, September 15th)

- 방 → In 방 (예시: In Room A)

- 회사, 학교 등 건물 → At 회사, 학교 등 건물 (At Greenville Community Center)

실전 연습

TOEIC Speaking

Questions 8 - 10: Respond to questions using information provided

Directions: In this part of the test, you will answer three questions based on the information provided. You will have 45 seconds to read the information before the questions begin. You will have 3 seconds to prepare and 15 seconds to respond to Questions 8 and 9. You will hear Question 10 two times. You will have 3 seconds to prepare and 30 seconds to respond to Question 10.

TOEIC Speaking　　　　　**Test 1**　　　　　 VOLUME

Powerhouse Electronics Company Weekend Training Workshop Saturday, Dec. 13th	
10 – 10:30am	Meeting with the supervisors (Room 103)
10:30am – noon	Video – New Product Development (Room 102)
Noon – 1pm	Lunch
1 – 1:30pm	Presentation – Leadership Skills as a Team Leader (Room 201)
1:30 – 2:30pm	~~Discussion~~ (Canceled)
2:30 – 3pm	Speech – Creativity and Development (Room 305)

Huntington Business Management Academy
Winter schedule: Business Internet Classes (November 17 ~ February 20)
Registration Deadline: October 31

Class Name	Day	Time
Using Social Networking Websites	Tuesdays	2:00 ~ 5:00pm
Building a Website for your Business	Thursdays	3:30 ~ 5:30pm
Online Advertising Techniques	Mondays	5:30 ~ 8:30pm
Cyber Security	Saturdays	3:30 ~ 6:00pm
Marketing Strategies for New Businesses	Wednesdays	6:00 ~ 8:30pm
Global Networking Online	Fridays	3:30 ~ 5:30pm

Schedule for Nick Jenkins, senior manager
Pavilion Building 10am – 6pm

10 – 11am	Meeting: Sally Marks (sales manager)
11 – 11:30am	Interview: Adam Hathaway (operations manager position)
11:30am – 1pm	Review sales report
1 – 2pm	Lunch (Golden Cup Restaurant)
2 – 3:30pm	Meeting: Planning Committee (Room 342)
3:30 – 6pm	Plan new employee orientation

Tim Miller, General Manager
Farmford Food Company
Schedule for Wednesday, March 19

8:30am – 9am	Meeting – Weekly Updates, Marketing Manager
9am – 9:30am	Meeting – Summer Plans, Supply Director
9:30am – 10:30am	Review Monthly Sales
10:30am – Noon	Video Conference – Improving Customer Service, Main Branch Managers
Noon – 1pm	Lunch break
1pm – 1:30pm	Video Conference – Current Delivery Status, Senior Director
~~1:30pm – 2:30pm~~	~~Meeting – Recruiting New Employees, Vice President~~ Moved to April 5
2:30pm – 3pm	Workshop – The Importance of Customer Service

Art Conference: Community Art Center
Daily rate: $60, Full conference rate: $90

June 4th	9:30am	Talk: Art for Everyone (Mary Adams)
	10:30am	Discussion: the Future of Art Education (Greg Ledward)
	Noon	Lunch
	2:00pm	Workshop: Photography for Beginners (Instructor: Katy Wilde)
	3:30pm	Video: Using Artistic Sensibility
June 5th	9:30am	Speech: Positive Habits
	11:00am	Pair Work: Writing Short Stories
	12:30pm	Lunch
	2:00pm	Lecture: Poetry Reading (Invited speaker: Oliver Nelson)
	3:30 pm	Workshop: Creative Activities for Children (Instructor: Aaron Hill)

모범 답변 및 해설

실전 1.

Powerhouse Electronics Company Weekend Training Workshop Saturday, Dec. 13th	
10 – 10:30am	Meeting with the supervisors (Room 103)
10:30am – noon	Video – New Product Development (Room 102)
Noon – 1pm	Lunch
1 – 1:30pm	Presentation – Leadership Skills as a Team Leader (Room 201)
1:30 – 2:30pm	~~Discussion~~ (Canceled)
2:30 – 3pm	Speech – Creativity and Development (Room 305)

Hi, this is Eric, one of the managers. I am supposed to attend the weekend training workshop, but I lost the schedule. Could you please answer my questions?

Q8

- On what date does the weekend training workshop take place and at what time does it start?

→ The weekend training workshop will take place on December 13th, and it will start at 10am.

1. will take place 대신 will be held나 is going to take place 혹은 is(are) taking place 를 사용해도 좋습니다. 명심해야 할 점! will be take place~ (be 빠져야 함), 혹은 will held~ (be 넣어야 함) 와 같은 실수는 반드시 피해야 합니다.

2. 날짜 앞에는 on, 시간 앞에는 at입니다.

Q9

- Could you tell me what time we're supposed to have the discussion?

→ Actually, the discussion scheduled from 1:30 to 2:30pm has been canceled.

1. 파트4 두 번째 질문(Q9)에서는 주로 화자가 가지고 있는 잘못된 정보를 수정해주어야 합니다.
   답변 시, You have the wrong information. / That is incorrect. 와 같이 극단적으로 들릴 수 있는 문장보다는
   Actually, 로 답변을 시작하면 좀 더 부드럽고 자연스러운 답변이 됩니다.

2. has been canceled / was canceled / is canceled 어떤 것을 사용해도 좋습니다. 정보에 canceled가 아닌
   'delayed / delayed to 언제 / moved / moved to 언제' 가 출제 되어도 마찬가지 입니다.

Q10

- Could you tell me all the events taking place before lunch?

→ Sure. First of all, there will be a meeting with the supervisors in Room 103 from 10 to 10:30am. After that, we will watch a video about New Product Development in Room 102 from 10:30am to noon.

1. before lunch (점심 전) 일정을 묻는 질문입니다. 준비 시간에 어떤 질문이 나올지 파악해 보아야 합니다.
   점심 전, 점심 후, 특정 시간을 명시하며 그 전 일정이나 그 후 일정을 묻는 것은 굉장히 자주 출제되는
   유형입니다. 빈출 문제의 유형을 하나씩 짚어보는 것이 효율적입니다.

   ### 의심 1 → 점심 후 일정 다 말해줄래?

   - 이 시험 같은 경우는 '점심 후' 일정이 세 가지인데 그 중 하나는 취소가 된 상태입니다. 파트4의 마지막 문제로
     나오기에는 깔끔해 보이지 않습니다.

   ### 의심 2 → 1:30pm이후 일정 다 말해줄래?

   - 1:30pm이후의 일정을 묻기에는 일정 두 가지 중 하나가 취소되었기 때문에 출제 될 확률이 현저하게
     떨어집니다.

의심 3 → 겹치는 일정 말해 줄래?

- Meeting도 한번, Video도 한번, presentation도 한번, Speech도 한번뿐이며 supervisor, leadership skills, team leader, creativity라는 단어들도 한번씩 보입니다. Q10으로 출제될 명목이 없습니다.

결론

- Development라는 단어가 두 번 보이고, before lunch일정이 두 줄입니다. 이 두 가지 중 하나가 나올 확률이 압도적으로 높습니다. 이런 식으로, 준비시간 동안 '옵션의 폭'을 줄여 놓으면 질문이 '듣기'로 나올 때 이해가 더 잘 될 수밖에 없습니다.

2. 첫 번째 일정에 대한 문장은 <u>there will be</u>로 시작하고, 두 번째 일정은 의미 상 어울리는 <u>we will watch</u>를 사용하였으나 실제 시험에서 어울리는 표현이 순발력 있게 떠오르지 않는다면 <u>there will be</u>를 두 번 사용해도 좋습니다.

3. 해당 정보에는 'Meeting with the supervisors'라고 기재가 되어 있으나, "Meeting – Supervisors' 와 같이 출제될 수도 있습니다. 그런 경우에는 with를 넣어주세요.

4. '방' 앞에는 in, '몇 시부터 몇 시까지'는 '<u>from</u> 몇 시 <u>to</u> 몇 시' 라고 합니다.

실전 2.

Class Name	Day	Time
Huntington Business Management Academy **Winter schedule : Business Internet Classes (November 17 ~ February 20)** **Registration Deadline: October 31**		
Using Social Networking Websites	Tuesdays	2:00 ~ 5:00pm
Building a Website for your Business	Thursdays	3:30 ~ 5:30pm
Online Advertising Techniques	Mondays	5:30 ~ 8:30pm
Cyber Security	Saturdays	3:30 ~ 6:00pm
Marketing Strategies for New Businesses	Wednesdays	6:00 ~ 8:30pm
Global Networking Online	Fridays	3:30 ~ 5:30pm

Hi, I'm interested in learning about Internet skills for my business. I was hoping you could give me some information about your classes.

Q8

- On what dates are the classes offered and when will the class registration end?

→ The classes will be offered from November 17th to February 20th, and the registration will end on October 31st.

1. 질문에서 나온 표현이나 문장구조를 답변에 알맞게 다시 사용할 수 있습니다. On what dates ARE the classes offered~ 라는 질문은 The classes ARE offered~로 답변 가능합니다. 위 답변처럼 are를 will be로 바꿔도 좋고요. 하지만 질문에 나온 문장 구조를 잘 기억했다가 답변에 그대로 사용하는 것이 더 어렵게 느껴지는 이들도 아주 많습니다. 그런 경우라면 The classes WILL TAKE PLACE ~ 혹은 The classes WILL BE HELD~와 같이 이미 숙지되어 있는 표현을 사용하세요.

2. '며칠부터 며칠까지'는 'from 며칠 to 며칠,' '날짜' 앞에는 on입니다.

Q9

- I'm interested in learning about cyber security. That class is going to be taught on Fridays, right?

→ Actually, that class is going to be taught on Saturdays from 3:30 to 6 pm.

1. 파트4의 두 번째 문항을 굉장히 까다롭다고 생각하는 응시자가 많습니다. Cyber security라는 제목이 들렸다면 (설령 cyber security 외에 아무 것도 들리지 않았다고 가정하여도) Actually, 라 말한 후 cyber security가 들어가 있는 그 한 줄을 쭉 문장으로 만들어서 읽기만 하면 만점 답변일 확률이 100프로에 가깝습니다.

2. '요일' 앞에는 on, '몇 시부터 몇 시까지'는 'from 몇 시 to 몇 시' 입니다.

Q10

- I usually leave work around 5 p.m. Can you tell me everything about the classes offered at 5:30 p.m. or later?

→ Sure. First of all, a class on Online Advertising Techniques will take place on Mondays from 5:30 to 8:30pm. Also, there will be a class on Marketing Strategies for New Businesses on Wednesdays from 6 to 8:30pm.

1. 수업 일정 관련 정보의 경우 a class on '제목' / a(n) '제목' class의 방식으로 주어를 만들 수 있습니다.

2. 올바른 전치사의 사용은 '파트4 핵심요소' 중 하나이니 만점 답변을 접할 때마다 확인 및 숙지를 해야 합니다.

3. 30초 답변에서는 답변 시간을 어느 정도 채워주는 것이 점수에 좋습니다. 물어본 것에 대해 다 말하고도 시간이 많이 남는다면 "So, it looks like there will be two classes offered at 5:30pm or later." (그래서, 오후 5시30분이나 그 이후에 시작하는 수업이 두 개인 것으로 보입니다.) 와 같이 답변을 정리해 주는 문장을 추가할 수 있습니다. 시험에 가장 많이 출제되는 유형은 일정을 나열하는 '스케줄표'입니다. 30초 답변 질문에서 가장 많이 출제되는 유형은 두 가지의 일정을 물어보는 것입니다. 이 것에 대비하여 So, it looks like there will be two sessions in total. (그래서, 총 두 개의 세션이 있는 것으로 보입니다.) 정도의 대표적인 추가 문장은 준비하는 것이 유리합니다.

4. 위(3)에서 명시한 마무리 문장을 넣어도 시간이 꽤 많이 남을 만큼, 말해야 하는 정보 속 내용이 너무 짧고 간략한 경우도 있습니다. 하나의 문장을 두 개나 세 개로 쪼개는 것은 시간을 채워 줄 뿐 아니라 일반 회화 실력에도 도움이 되는 연습입니다.

예시

| 기본 문장 | A class on Online Advertising Techniques will take place on Mondays from 5:30 to 8:30pm. |

| 문장 늘리기 | There will be a class on Online Advertising Techniques. This class will take place on Mondays. It starts at 5:30 and ends at 8:30pm. |

기본 문장을 이런 식으로 늘려 주게 되면 답변 자체의 길이는 아주 크게 차이나지 않지만 중간에 나오는 마침표에서도 잠깐 쉬어야 하기 때문에 답변 시간을 꽤 많이 늘릴 수 있습니다.

실전 3.

Schedule for Nick Jenkins, senior manager Pavilion Building 10am – 6pm	
10 – 11am	Meeting: Sally Marks (sales manager)
11 – 11:30am	Interview: Adam Hathaway (operations manager position)
11:30am – 1pm	Review sales report
1 – 2pm	Lunch (Golden Cup Restaurant)
2 – 3:30pm	Meeting: Planning Committee (Room 342)
3:30 – 6pm	Plan new employee orientation

Hi, this is Nick Jenkins. I left my schedule at home. I was hoping you could answer some questions about the schedule tomorrow.

Q8

- Where will my schedule take place and how long will it last?

→ It will take place at the Pavilion Building from 10am to 6pm.

1. '건물' 앞에는 at, '몇 시부터 몇 시까지'는 'from 몇 시 to 몇 시' 입니다.

2. 앞서 명시했듯 ~will take place, 혹은 ~will be held입니다. be가 들어가는 표현과 빠져야 하는 표현을 정확히 구분해야 합니다.

Q9

- I remember I am conducting an interview for the operations manager position. This interview is scheduled in the afternoon, right?

→ Actually, the interview is scheduled from 11 to 11:30am.

1. "afternoon 아니다" "당신이 잘못 알고 있다" 이런 말은 다 소용이 없습니다. "사실은 그거 몇 시야." 정도로 명확하게 말하면 만점 답변입니다.

2. 앞서 연습한 '실전2 – 정보 Q8 – 해설1'에서 말했듯 질문에서 나온 표현이나 문장구조를 답변에 다시 사용할 수 있으나 그렇게 하는 것이 어렵다고 생각되면 ~will take place나 ~will be held를 사용하면 됩니다. "Actually, the interview will take place from 11 to 11:30am." 이라 답 해도 아주 좋습니다.

3. 질문이 듣기로 나올 때 interview 라는 단어 이외의 나머지 내용을 다 놓쳤다면 해당 정보가 들어 있는 관련 내용을 다 말하는 것이 안전하겠죠? "Actually, the interview WITH Adam Hathaway FOR THE operations manager position will take place from 11 to 11:30am."

Q10

- Could you tell me all the details about the meetings I will have?

→ Sure. First of all, from 10 a.m. to 11 a.m., there will be a meeting with Sally Marks who is the sales manager. Also, right after lunch, you will have a meeting with the planning committee in Room 342 from 2 to 3:30 p.m.

1. Can you~? / Could you~? / Would you~? 로 시작되는 질문을 답할 시 Sure. / No problem. / Of course. 등의 표현을 사용하면 답변이 더욱 친절하고 자연스럽게 들립니다.

2. 정보 안에 '사람 이름'과 '직책'이 붙어 나올 경우 interview가 아닌 이상 그 직책은 그 사람의 직책인 것입니다. 걔가 개인 것인지요. 그래서 =의 의미인 who is를 넣을 수 있는데 who is는 생략도 가능합니다. 직책 앞에 the나 our를 넣어주세요.

3. 방 호수를 읽을 때 가장 간단한 방법은 숫자 한자리씩 읽는 것입니다. Room three-four-two

4. 물어본 것에 대해 답변을 끝내고도 시간이 남는다면 마지막에 So, it looks like there are two meetings in total. (그래서, 총 두 개의 미팅이 있는 것으로 보입니다.) 를 추가할 수 있습니다.

실전 4.

Tim Miller, General Manager
Farmford Food Company
Schedule for Wednesday, March 19

8:30am – 9am	Meeting – Weekly Updates, Marketing Manager
9am – 9:30am	Meeting – Summer Plans, Supply Director
9:30am – 10:30am	Review Monthly Sales
10:30am – Noon	Video Conference – Improving Customer Service, Main Branch Managers
Noon – 1pm	Lunch break
1pm – 1:30pm	Video Conference – Current Delivery Status, Senior Director
~~1:30pm – 2:30pm~~	~~Meeting~~ ~~– Recruiting New Employees, Vice President~~ Moved to April 5
2:30pm – 3pm	Workshop – The Importance of Customer Service

Hi, this is Tim Miller. I didn't receive the schedule you sent to me, and I need some information about my schedule tomorrow.

Q8

● At what time does my meeting with the Supply Director start, and when does it end?

→ Your meeting with the supply director will take place from 9am to 9:30am.

1. 질문에 나온 대로 start와 end라는 동사를 써서 "Your meeting with the Supply Director will start at 몇 시 and end at 몇 시." 라고 답해도 좋습니다. take place를 사용했을 때와 전치사가 변경되는 점, 유의하세요.

Q9

- My meeting with the vice president was moved to the end of March, right?

→ Actually, your meeting with the vice president was moved to April 5th.

1. 변경되거나 취소된 일정은 Q9단골입니다. 정보 속 'Meeting – Recruiting New Employees, Vice President Moved to April 5' 이 부분이 출제 가능성 가장 높은 요소라는 것은 준비시간에 생각해 두어야 합니다.

2. 3월 말이 맞는지 물었기 때문에 4월 5일로 변경되었다고만 말하면 되지만 듣기가 상세하게 되지 않았다면 해당 일정 관련 모든 내용을 답변에 넣으세요. -> Actually, your meeting ABOUT RECRUITING NEW EMPLOYEES with the vice president was moved to April 5th.

3. 날짜가 정보에는 'April 5' 라고 기재되어 있더라도 답변을 할 때에는 April fifth와 같이 서수로 말하세요.

Q10

- I know we have some sessions on customer service. Could you give me all the details you have about things on my schedule related to customer service?

→ Of course. From 10:30am to noon, there is going to be a video conference about 'Improving Customer Service' with the main branch managers. And from 2:30pm to 3pm, there will be a workshop on 'The Importance of Customer Service.'

1. 어떤 질문이 나올지 준비시간에 파악해 보아야 하겠죠?

의심 1 → 점심 전 일정 다 말해줄래?

- 점심 전 일정이 네 개입니다. 출제될 가능성이 없다는 의미입니다.

의심 2 → 점심 후 일정 다 말해줄래?

- 점심 후 일정이 세 개입니다. 점심 전 일정을 묻는 질문과 비교하면 출제 가능성이 아주 조.금. 더 높다고 볼 수 있습니다. 일정 세 가지 중 하나가 변경되었기 때문에 결론적으로는 두 개라서 출제 가능성이 올라간다고 생각될 수 있지만, 파트4의 마지막 질문은 대부분의 경우에 더 깔끔하게 출제됩니다. 즉, 취소나 변경으로 복잡해진 요소들은 마지막 질문에서 주로 건드리지 않는다는 의미입니다.

의심 3 → 모든 meeting에 대해 말해줄래?

- 바로 위 '의심2'와 같은 이유로 출제 확률이 떨어집니다.

의심 4 → 9:30am 전 일정에 대해 다 말해줄래?

- 특정 시간을 언급하며 '그 시간 전 일정'이나 '그 시간 후 일정'을 묻는 질문은 자주 출제됩니다. 현재의 경우 그 시간을 오전 9시30분으로 잡는다면 그 전 일정이 두 개 이므로 출제 가능성 높습니다.

의심 5 → 모든 video conference 대해 말해줄래?

- Video conference가 깔끔하게 두 번 보입니다. 출제 확률 높습니다.

의심 6 → customer service관련 일정에 대해 다 말해줄래?

- customer service가 깔끔하게 두 번 보입니다. 출제 확률 높습니다.

2. 'Video Conference – Improving Customer Service, Main Branch Managers' 와 같은 내용에서 다양한 문장이 만들어 질 수 있습니다. 만점 문장이 하나가 아니라는 의미입니다. 이 video conference를 main branch managers 와 함께하는 것일 수도 있고 main branch managers 가 진행하는 것일 수도 있습니다. (그들과 함께 – with 그들 / 그들이 진행 – (led) by 그들)

실전 5.

Art Conference: Community Art Center Daily rate: $60, Full conference rate: $90		
June 4th	9:30am	Talk: Art for Everyone (Mary Adams)
	10:30am	Discussion: the Future of Art Education (Greg Ledward)
	Noon	Lunch
	2:00pm	Workshop: Photography for Beginners (Instructor: Katy Wilde)
	3:30pm	Video: Using Artistic Sensibility
June 5th	9:30am	Speech: Positive Habits
	11:00am	Pair Work: Writing Short Stories
	12:30pm	Lunch
	2:00pm	Lecture: Poetry Reading (Invited speaker: Oliver Nelson)
	3:30 pm	Workshop: Creative Activities for Children (Instructor: Aaron Hill)

Hi, I'm interested in attending the art conference. I'd like some more information.

Q8

● Where is the conference going to be held and on what date will it take place?

→ The conference is going to be held at the Community Art Center and it will take place on June 4th and June 5th.

1. Where / what date 과 같은 질문의 키워드에 집중해야 합니다.

2. 6월 4일 그리고 6월 5일을 분리시켜 대답하였기에 on이 쓰였습니다. '며칠부터 며칠까지' 라고 말하려면 'from 며칠 to 며칠' 이라 하면 됩니다.

Q9

- The conference costs 70 dollars to attend, right?

→ Actually, the daily rate is 60 dollars and the full conference rate is 90 dollars.

1. 정보에는 $60 / $90 이런 식으로 자주 출제 됩니다. 답변 시, $2부터는 dollars 에 꼭! ~s를 붙여야 합니다.

Q10

- I heard that there will be some workshops. Could you please tell me all the details about any workshops that will be offered?

→ Sure. On June 4th at 2pm, there will be a workshop on Photography for Beginners. The instructor is Katy Wilde. And on June 5th at 3:30pm, there is going to be another workshop on Creative Activities for Children. The instructor is Aaron Hill.

1. Workshop 두 개를 설명해야 하므로 첫 번째로는 a workshop, 그 다음에는 another workshop이라 하면 답변이 한층 더 자연스럽게 들립니다. Presentation 두 개를 소개해야 한다면 a presentation -> another presentation!

2. 물어본 것에 대해 답변을 끝내고도 시간이 남는다면 So, it looks like there will be two <u>workshops</u> in total. (그래서, 총 두 개의 워크샵이 있는 것으로 보입니다.)을 추가할 수 있습니다.

3. 위(2)에서 명시한 마무리 문장을 넣어도 시간이 꽤 많이 남을 만큼, 말해야 하는 정보 속 내용이 너무 짧고 간략한 경우도 있습니다. 실전 2에서 명시한 바와 같이 내용을 늘리는 연습을 해보세요.

예시

| 기본 문장 | On June 4th at 2pm, there will be a workshop on Photography for Beginners. The instructor is Katy Wilde.

| 문장 늘리기 | The first workshop will take place on June 4th. It starts at 2pm and this workshop is on Photography for Beginners. The instructor is Katy Wilde.

05 *Express an Opinion*

의견 제시하기

Part5 포인트

— 제공된 질문에 대해 자신의 의견을 제시하는 파트입니다.

— 역시 템플릿이 존재합니다. 템플릿 숙지는 필수입니다.

— 빈출 문제들이 존재합니다. 빈출에 대한 답변은 익혀두고 가야합니다.

— 시간 감점 있습니다. 시간 조절 연습 필요합니다.

Do you agree or disagree with the statement? "Creativity is one of the most important characteristics to look for when choosing a team member. "Give reasons or examples to support your opinion.

PREPARATION TIME	RESPONSE TIME
00:00:45	00:00:60

Part5 기술

1 답변 구성 파악하기

60초 답변을 요구하는 Q11에서는 답변의 기본 틀을 잘 잡아 놓는 것이 중요합니다.
체계적인 답변 구성은 좋은 점수를 받는 데 아주 중요한 역할을 합니다. 기본 구성은 Q7의 30초 답변과
흡사합니다. 하지만 Q11은 답변시간이 Q7의 두 배 이므로 본론 내용의 양을 늘려야 합니다.

60초 답변의 구성

Opening Sentence (첫 문장)

Reason 1 (첫 번째 이유) + 부연 설명

Reason 2 (두 번째 이유) + 부연 설명

Reason 3 (세 번째 이유) + 부연 설명

Closing Sentence (끝 문장)

● 밑줄로 표기된 부분은 선택 사항입니다. 남는 시간에 따라 이 중 하나 혹은
두 개를 선택하여 답변 시간을 꽉 채워 주세요.

질문   Do you agree or disagree with the statement? "Creativity is one of the most important characteristics to look for when choosing a team member. "Give reasons or examples to support your opinion.

답변   **Opening Sentence (첫 문장)**

I agree with the statement, "Creativity is one of the most important characteristics to look for when choosing a team member." <u>I have a few reasons for this.</u>

Reason 1 (첫 번째 이유) + 부연 설명

<u>First of all</u>, creativity allows people to come up with high quality ideas. This can bring financial profit to the company.

Reason 2 (두 번째 이유) + 부연 설명

<u>Also</u>, someone with creativity would be able to accomplish more tasks in less time. In other words, the company can save time and money.

Reason 3 (세 번째 이유) + 부연 설명

<u>Finally</u>, if some problems come up, a creative person would be able to find effective solutions to the problems.

Closing Sentence (끝 문장)

<u>So, these are the main reasons why</u> I agree with the statement, "Creativity is one of the most important characteristics to look for when choosing a team member."

- 위 답변예시에서 템플릿의 역할을 하는 밑줄 부분은 꼭 기억하세요!

- PART5에 출제되는 문제들은 굉장히 다양하지만 그 중 가장 자주 출제되는 주제에 대한 만점 답변들은 미리 준비하는 것이 좋습니다. 위 답변 속에 '본론(이유 1, 이유 2, 이유 3)' 부분은 '회사나 커리어 관련 / 실력이나 능력 관련' 문제 출제 시, 아주 유용하게 사용할 수 있는 표현들이므로, 꼭 알아 두어야 합니다. "<u>특정 인물</u> can overcome obstacles more effectively and efficiently." 라는 표현 하나 더 추가로 연습하시고 이 표현들 중 시험 질문에 더 어울리는 문장을 선택하여 사용하세요.

2 질문 유형 별 첫 문장 / 끝 문장 만들기

첫 문장 / 끝 문장을 만드는 것은 공식과도 같습니다. 빈출 유형에 있어 첫 문장 / 끝 문장 만들기 공식을 숙지 한다면 주어진 답변 시간의 3분의1 정도는 점수를 확보할 수 있습니다.

유형 1 – 동의 vs. 비동의

Do you agree or disagree with the following statement? "The best way to relax after a stressful day is by reading a book." Give specific reasons or examples to explain your answer.

첫 문장 I agree (disagree) with the following statement, "The best way to relax after a stressful day is by reading a book." I have a few reasons for this.

끝 문장 So, these are the main reasons why I agree (disagree) with the following statement, "The best way to relax after a stressful day is by reading a book."

유형 2 – 3 options

In your opinion, what is the most important thing when working in a team? Choose one of the options below and provide specific reasons or examples to support your opinion.

A good sense of humor

Knowledge

Flexibility

첫 문장 I think knowledge is the most important thing when working in a team. I have a few reasons for this.

끝 문장 These are the main reasons why I think knowledge is the most important thing when working in a team.

135

What are the advantages of allowing employees to choose their own work hours? Give reasons or examples to support your opinion.

첫 문장 There are several advantages of allowing employees to choose their own work hours. (여기에 "I have a few reasons for this."가 들어가면 안됩니다. 서론을 조금 더 길게 하고 싶다면 "Let me explain (some of) the main advantages."를 넣어 줄 수 있습니다.)

끝 문장 These are the main advantages of allowing employees to choose their own work hours.

If you were learning a new language, which way would you prefer: taking a course in a classroom with a teacher or taking an online course? Why? Give reasons or examples to support your opinion.

첫 문장 If I were learning a new language, I would prefer taking a course in a classroom with a teacher. I have a few reasons for this.

끝 문장 So, these are the main reasons why I would prefer taking a course in a classroom with a teacher if I were learning a new language.

In the future, do you think that more people will rely on public transportation rather than using their own cars? Why or why not? Give reasons or examples to support your opinion.

첫 문장 In the future, I think that more people will rely on public transportation rather than using their own cars. I have a few reasons for this.

끝 문장 So, these are the main reasons why, in the future, I think that more people will rely on public transportation rather than using their own cars.

3 Part3와 Part5 필수 표현 익히기 #1 & #2 복습

Part3에서 배웠던 표현들입니다. Part5 에서도 적극적으로 사용할 표현들이니 복습해 보도록 하겠습니다.

필수 표현 #1

1 시간/흥미/취미/관심사 관련 문제 출제 시 돌려쓰기 표현

> 시간/흥미/취미/관심이 없는 경우

→ I am very busy these days. I have a lot of new projects at work.
(요즘 회사가 엄청 바빠요. 새로운 프로젝트가 많거든요.)

→ Personally, I'm not very interested in _____.
(개인적으로 _____에 관심이 별로 없어요.)

→ There are no _____s near where I live.
(제가 사는 곳 가까이에는 _____가 없어요.)

> 시간/흥미/취미/관심이 있는 경우

→ Personally, I'm very interested in _____.
(개인적으로 _____에 관심이 많아요.)

→ _____ is one of my favorite hobbies.
(_____는 제가 가장 좋아하는 취미 중 하나입니다.)

→ _____ always enhances my mood.
(_____는 언제나 제 기분을 향상시켜 줍니다)

→ _____ always relieves my stress.
(_____는 언제나 제 스트레스를 풀어 줍니다.)

→ Personally, I have a lot of free time these days.
(개인적으로 요즘 남는 시간이 많아요.)

→ There is a great _____ near where I live / only 5 minutes away from where I live.
(우리 집 가까이 / 우리 집에서 5분 거리에 굉장히 좋은 _____이 있어요.)

2 실내 or 실외 관련 문제 출제 시 돌려쓰기 표현

실내

→ I don't have to worry about bad weather / walking back and forth / wasting time / setting up a place to meet.
(안 좋은 날씨 / 왔다 갔다 걷는 것 / 시간 낭비하는 것 / 만날 장소 정하는 것에 대해 걱정하지 않아도 됩니다.)

→ Personally, I can concentrate much better when I'm inside.
(개인적으로 실내에 있을 때 집중이 더 잘돼요.)

실외

→ I can get fresh air while 문장.
(문장 예시: I enjoy the concert) (문장을 하는 동안 신선한 공기를 즐길 수 있습니다.)

→ Personally, I can concentrate much better when I'm outside.
(개인적으로 실외에 있을 때 집중이 더 잘돼요.)

3 '혼자' or '함께' 관련 문제 출제 시 돌려쓰기 표현

혼자

→ I can concentrate much better when I _____.
(밑줄 예시: study alone) (저는 _____ 하면 집중이 훨씬 잘돼요.)

→ Managing 누구's (my / your / their / one's) time becomes easier.
(So, 누구 would be able to start, finish or take a break whenever 누구 (I / you / he / she / they) want(s). ('누구'의 시간을 관리하는 것이 더 쉬워집니다. (그래서, '누구'는 자기가 원할 때 시작하고, 끝내고, 휴식할 수 있습니다.))

→ I am an introverted person.
(I feel more comfortable when I am by myself.) (저는 내성적인 사람입니다. (혼자 있을 때 더 편안함을 느껴요.))

함께

→ 누구 and I can share useful information about _____.
('누구'와 저는 _____에 관한 유용한 정보를 공유할 수 있어요.)

→ If I have questions about something, I can ask 누구.
(무언가에 대해 질문이 있다면 '누구'에게 물어볼 수 있습니다.)

→ Spending time with other people is more fun than being alone.
(혼자 있는 것보다 다른 사람들과 함께 시간을 보내는 것이 더 즐겁습니다.)

→ I am an extroverted person.
(I feel more comfortable when I'm with people.)
(저는 외향적인 사람이에요. (사람들과 함께일 때 더 편안함을 느껴요.))

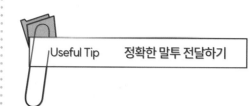

| Useful Tip | 정확한 말투 전달하기 |

복습!!!

〉 **주어 can 동사.** ('주어'는 '동사'할 수 있다.)

〉 **주어 should 동사.** ('주어'는 '동사'해야 한다.)

〉 **주어 (would) has/have to 동사.** ('주어'는 '동사'해야 한다 (해야만 할 것이다).)

〉 **주어 (would) need/needs to 동사.** ('주어'는 '동사'해야 할 필요가 있다 (해야 할 필요가 있을 것이다).)

〉 **주어 (would) want/wants to 동사.** ('주어'는 '동사'하고 싶어 한다. (하고 싶어 할 것이다))

〉 **주어 would be able to 동사.** ('주어'는 '동사'할 수 있을 것이다.)

〉 **주어 is/are 형용사.** ('주어'는 '형용사'이다.)

〉 **주어 can be 형용사.** ('주어'는 '형용사'일 수 있다.)

〉 **주어 should be 형용사.** ('주어'는 '형용사'여야 한다.)

〉 **주어 (would) has/have to be 형용사.** ('주어'는 '형용사'여야 한다(여야만 할 것이다).)

〉 **주어 (would) need/needs to be 형용사.** ('주어'는 '형용사'여야 할 필요가 있다(해야 할 필요가 있을 것이다).)

〉 **주어 (would) want/wants to be 형용사.** ('주어'는 '형용사'이고 싶어 한다(이고 싶어 할 것이다).)

〉 **주어 would be able to be 형용사.** ('주어'는 '형용사'일 수 있을 것이다.)

〉 **주어 is/are (usually/very/always) 형용사.** ('주어'는 (주로/아주/항상) '형용사'이다.)

위 문장에 추가할 수 있는 표현

+ **when 문장** ('문장'인 상황에서는)

+ **if 문장** ('문장'이라면)

+ **because 문장** ('문장'이기 때문에)

+ **in order to 동사** ('동사'하기 위해서 / '동사'할 수 있도록)

1   A can have a positive effect on B.

(A는 B에 긍정적인 영향을 미칠 수 있다.) (A / B = '명사' or '~ing')

EX   Having good manners can have a positive effect on maintaining healthy relationships with others.

(좋은 매너를 갖는 것은 다른 이들과 건강한 관계를 유지하는 것에 긍정적인 영향을 미칠 수 있다.)

EX   Spending time alone can have a positive effect on my mood.

(혼자 시간을 보내는 것은 나의 기분에 긍정적인 영향을 미칠 수 있다.)

2   A can have a negative effect on B

(A는 B에 부정적인 영향을 미칠 수 있다.) (A / B = '명사' or '~ing')

EX   Studying with other people can have a negative effect on my concentration.

(다른 사람들과 함께 공부하는 것은 나의 집중력에 부정적인 영향을 미칠 수 있다.)

3   A can protect B from C.

(A는 B를 C로부터 보호할 수 있다.) (A / B / C = '명사' or '~ing')

EX   Having a cell-phone can protect someone from dangerous situations.

(휴대폰을 갖는 것은 위험한 상황으로부터 누군가를 보호할 수 있다.)

EX   Recycling can protect the environment from pollution.

(재활용을 하는 것은 오염으로부터 환경을 보호할 수 있다.)

4   A can distract B from C.

(A는 B가 C하는 걸 방해할 수 있다.) (A / B / C = '명사' or '~ing')

EX   Sharing an office can distract people from their tasks.

(사무실을 함께 사용하는 것은 사람들이 그들의 업무를 수행하는 것을 방해할 수 있다.)

5 It is convenient for (누구) to (동사원형) when / if (문장)

((문장)의 경우에, (누구)는 (동사원형)하기가 편리하다.)

EX It is convenient for people to get information if they use the Internet.

(그들이 인터넷을 사용하면, (사람들은) 정보를 얻기가 편리합니다.)

6 It is inconvenient for (누구) to (동사원형) when / if (문장)

((문장)의 경우에, (누구)는 (동사원형)하기가 불편하다.)

EX It is inconvenient for people to use the subway when it is crowded.

(지하철이 복잡할 때에, 그것을 이용하는 것은 (사람들에게) 불편합니다.)

7 It is difficult for (누구) to (동사원형) when / if (문장)

((문장)의 경우에, (누구)는 (동사원형)하기가 어렵다.)

* 상황에 따라 'when / if (문장)' 부분은 생략해도 좋습니다.

EX It is difficult for me to ask questions if I take online classes.

(온라인 수업을 듣는다면 질문하기가 (나에게) 어렵습니다.)

8 It is easy for (누구) to (동사원형) when / if (문장)

((문장)의 경우에, (누구)는 (동사원형)하기가 쉽다.)

* 상황에 따라 'when / if (문장)' 부분은 생략해도 좋습니다.

EX It is easy for me to lead a project if my coworkers help me.

(나의 동료들이 도와준다면, (내가) 프로젝트를 진행하기가 쉽습니다.)

9   It is important for (누구) to (동사원형1) in order to (동사원형2)

((동사원형2)를 하기 위해 (누구)가 (동사원형1)하는 것이 중요하다.)

* 상황에 따라 'in order to (동사원형2)' 부분은 생략해도 좋습니다.

EX It is important for me to choose the subjects that I study in order to enjoy what I learn.

(내가 배우는 것을 즐기기 위해서 내가 공부할 과목을 선택하는 것은 (나에게) 중요합니다.)

EX It is important for people to use the Internet in order to get information.

(정보를 얻기 위해 인터넷을 사용하는 것은 (사람들에게) 중요합니다.)

EX It is important for people to have good communication skills in order to get along with one another.

(서로서로 잘 지내기 위해 좋은 커뮤니케이션 실력을 갖는 것은 (사람들에게) 아주 중요합니다.)

10   A is directly related to B.

(A는 B와 직결된다.) (A / B = '명사' or '~ing')

EX Having good communication skills is directly related to people's work efficiency.

(좋은 커뮤니케이션 실력을 갖는 것은 사람들의 업무 능률과 직결됩니다.)

EX Using public transportation is directly related to protecting the environment.

(대중교통을 이용하는 것은 환경을 보호하는 것과 직결됩니다.)

EX Great teamwork is directly related to productivity.

(좋은 팀워크는 생산성과 직결됩니다.)

4   부연 설명 만들기

'이유'는 두 가지를 말하고 시간이 남는다면 세 번째 '이유'를 추가하거나 각 이유에 대해 부연 설명을 추가할 수도 있습니다. '부연 설명'은 그 바로 앞에 말한 '이유'와 내용상으로 관련이 있어야 합니다.

부연 설명을 만드는 방법 1   **필수 표현 활용**

예를 들어 '혼자 / 함께' 관련 질문에서 '혼자'를 선택하고 이유를 'I am an introverted person. (개인적으로 저는 내성적인 사람입니다.)'이라고 하였다면 그에 대한 부연 설명으로 'I feel more comfortable when I am by myself. (저는 혼자 있을 때 더 편안하다고 느껴요)'를 사용할 수 있습니다. 앞에서 익힌 필수 표현은 좋은 '이유'도 되고 좋은 '부연 설명'도 될 수 있습니다.

부연 설명을 만드는 방법 2   **개인적인 경험 소개**

'I will share my personal experience as an example. (제 개인적인 경험을 예시로 말해 보도록 하겠습니다.)', 'In my case (제 경우에는)', 'Personally (개인적으로)', 'For me (저는요)' 등의 표현이 유용하게 쓰입니다. 예를 들어, 대중교통을 이용하는 것이 자가용을 이용하는 것보다 왜 더 나은지에 대해 말하고 있다면 'I will share my personal experience as an example. In my case, I always use the subway. It is time-efficient because it travels much faster than cars. (제 개인적인 경험을 예시로 말해보겠습니다. 제 경우에는 항상 지하철을 이용합니다. 자동차보다 훨씬 더 빠르게 가기 때문에 시간상으로 효율적입니다.)와 같은 부연 설명을 만들어 줄 수 있습니다.

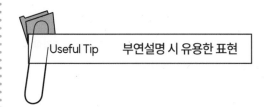

1　Personally, (개인적으로,)

→　Personally, I like to study alone.

2　From my personal experience, (저의 개인적인 경험에 의하면,)

→　From my personal experience, studying alone is more effective.

3　As you know, (당신도 알다시피,)

→　As you know, pollution is a serious problem.

4　As many people are aware, (많은 이들이 알다시피,)

→　As many people are aware, art education is directly related to children's creativity.

5　In other words, (다른 말로 하면,)

→　In other words, bad manners can have a negative effect on the team's work efficiency.

5 아이디어 만들기 (답변의 본론)

답변 시간에 무작정 생각나는 대로 말을 하는 것은 위험성이 큽니다. 어떤 내용을, 무슨 표현을 사용하여 말할지 준비 시간 동안 잘 정리해 놓아야 합니다. 준비 시간 동안 필기가 가능하므로 주어진 시간에 생각을 정리하는 연습을 해보세요.

예시 1

Do you agree or disagree with the following statement? "The best way to relax after a stressful day is by reading a book." Give specific reasons or examples to explain your answer.

이유 1 + 부연설명 helps me stay calm / 경험 – relaxing & enjoyable

이유 2 + 부연설명 distracts me from my daily stressors / 경험 – forget about all the things that made me feel stressed

이유 3 + 부연설명 Reading = directly related to increasing my understanding of others

· daily stressor 하루의 스트레스 요인

예시 2

In your opinion, what is the most important thing when working in a team? Choose one of the options below and provide specific reasons or examples to support your opinion.

A good sense of humor

Knowledge

Flexibility

이유 1 + 부연설명 high quality ideas / 경험 – all of my current team members = knowledgeable → helpful

이유 2 + 부연설명 more tasks in less time

이유 3 + 부연설명 effective solutions

예시 3

What are the advantages of allowing employees to choose their own work hours? Give reasons or examples to support your opinion.

이유 1 + 부연설명 positive - productivity / some people = more energetic in the morning, some - more productive in the evening or at night

이유 2 + 부연설명 directly related to life satisfaction / High life satisfaction allows 누구 to ~~ high quality ideas at work

이유 3 + 부연설명 경험 - my company~ → very beneficial in many ways ++

예시 4

If you were learning a new language, which way would you prefer: taking a course in a classroom with a teacher or taking an online course? Why? Give reasons or examples to support your opinion.

이유 1 + 부연설명 questions → ask ~directly / more convenient (than~)

이유 2 + 부연설명 my classmates and I → share useful information

이유 3 + 부연설명 extroverted / For me, spending time with other people =more enjoyable than ~

예시 5

In the future, do you think that more people will rely on public transportation rather than using their own cars? Why or why not? Give reasons or examples to support your opinion.

이유 1 + 부연설명 important for people to use ~ in order to protect the environment

이유 2 + 부연설명 positive - living a productive life / I can ____, ____ or ____ while using ~

이유 3 + 부연설명 In most countries, using ~ is cheaper than ~ / save money

 추가 표현

답변 만들기 연습을 하다 보면 "어? 이 표현은 여러 종류의 문제에 단어만 바꿔서 자주 써먹을 수 있겠는데?" 라고 생각되는 경우가 있습니다. 그럴 때에는 반드시 기록해 놓고 예시 문장을 다양하게 만들어 보는 연습을 하는 것이 좋습니다.

1. 주어 is proven to 동사.

    예시 1. _____

    예시 1. _____

    예시 1. _____

2. 주어 can lead to 명사/동사ing.

    예시 1. _____

    예시 1. _____

    예시 1. _____

3. 주어 is good (better) for 명사/동사ing.

    예시 1. _____

    예시 1. _____

    예시 1. _____

4. 주어 allows 누구 to 동사.

예시 1. _____

예시 1. _____

예시 1. _____

5. 주어 helps 누구 + 동사.

예시 1. _____

예시 1. _____

예시 1. _____

6. 주어 is one of the best ways to 동사.

예시 1. _____

예시 1. _____

예시 1. _____

7. _____

예시 1. _____

예시 1. _____

예시 1. _____

8. _____

　　예시 1. _____

　　예시 1. _____

　　예시 1. _____

9. _____

　　예시 1. _____

　　예시 1. _____

　　예시 1. _____

10. _____

　　예시 1. _____

　　예시 1. _____

　　예시 1. _____

11. _____

　　예시 1. _____

　　예시 1. _____

　　예시 1. _____

12. _____

예시 1. _____

예시 1. _____

예시 1. _____

13. _____

예시 1. _____

예시 1. _____

예시 1. _____

14. _____

예시 1. _____

예시 1. _____

예시 1. _____

15. _____

예시 1. _____

예시 1. _____

예시 1. _____

 실전 연습

TOEIC Speaking

Question 11: Express an opinion

Directions: In this part of the test , you will give your opinion about a specific topic. Be sure to say as much as you can in the time allowed. You will have 45 seconds to prepare. Then you will have 60 seconds to speak.

TOEIC Speaking   **Test 1**   VOLUME

Do you agree or disagree with the following statement? "The best way to relax after a stressful day is by reading a book." Give specific reasons or examples to explain your answer.

PREPARATION TIME	RESPONSE TIME
00:00:45	00:00:60

TOEIC Speaking   **Test 2**   VOLUME

In your opinion, what is the most important thing when working in a team? Choose one of the options below and provide specific reasons or examples to support your opinion.

A good sense of humor
Knowledge
Flexibility

PREPARATION TIME	RESPONSE TIME
00:00:45	00:00:60

What are the advantages of allowing employees to choose their own work hours? Give reasons or examples to support your opinion.

PREPARATION TIME	RESPONSE TIME
00:00:45	00:00:60

If you were learning a new language, which way would you prefer: taking a course in a classroom with a teacher or taking an online course? Why? Give reasons or examples to support your opinion.

PREPARATION TIME	RESPONSE TIME
00:00:45	00:00:60

In the future, do you think that more people will rely on public transportation rather than using their own cars? Why or why not? Give reasons or examples to support your opinion.

PREPARATION TIME	RESPONSE TIME
00:00:45	00:00:60

해설

실전 1.

Do you agree or disagree with the following statement? "The best way to relax after a stressful day is by reading a book." Give specific reasons or examples to explain your answer.

노트테이킹

이유 1 + 부연설명   helps me stay calm / 경험 – relaxing & enjoyable
이유 2 + 부연설명   distracts me from my daily stressors / 경험 – forget about all the things that made me feel stressed
이유 3 + 부연설명   Reading = directly related to increasing my understanding of others

모범답변

I agree with the following statement, "The best way to relax after a stressful day is by reading a book." I have a few reasons for this. First of all, reading a book helps me stay calm. <u>I will share my personal experience as an example. In my case, I usually read a book after a stressful day, and it's always relaxing and enjoyable for me.</u> Also, reading a book distracts me from my daily stressors. <u>When I read a book, I can forget about all of the things that made me feel stressed.</u> Finally, reading a book is directly related to increasing my understanding of others. These are the main reasons why I agree with the following statement, "The best way to relax after a stressful day is by reading a book."

1. 시간을 더 채우려면,

   First of all → The first reason is that

   Also → Another reason is that

   Finally → The last reason is that

2. 부연 설명이 두 개나 들어갈 필요는 없으므로 밑줄 문장 중 하나는 생략 가능합니다.

3. 남는 시간의 여부에 따라 Finally로 시작하는 '이유 3' 역시 생략 가능합니다.

4. 마지막 문장에서 시간 조절을 해야 합니다.

   - 긴 버전

     These are the main reasons why I agree with the following statement, "The best way to relax after a stressful day is by reading a book."

   - 중간 버전

     These are the main reasons why I agree with the ~~following~~ statement.

   - 짧은 버전

     These are the main reasons (for my opinion).

실전 2.

In your opinion, what is the most important thing when working in a team? Choose one of the options below and provide specific reasons or examples to support your opinion.

A good sense of humor
Knowledge
Flexibility

노트테이킹

이유1 + 부연설명	high quality ideas / 경험 – all of my current team members = knowledgeable → helpful
이유2 + 부연설명	more tasks in less time
이유3 + 부연설명	effective solutions

모범답변

In my opinion, knowledge is the most important thing when working in a team. I have a few reasons for this. First of all, <u>knowledge</u> allows people to come up with high quality ideas. I will share my personal experience as an example. In my case, all of my current team members are very knowledgeable, and having many knowledgeable team members is always very helpful. Another reason is that <u>knowledgeable people</u> can accomplish more tasks in less time. Finally, if problems come up, <u>knowledgeable people</u> would be able to find effective solutions to the problems. So, these are the main reasons why I think knowledge is the most important thing when working in a team.

1. 이 답변에는 세 개의 이유가 포함되어 있습니다. 이유 두 개는 필수이므로 하나는 빠져도 됩니다.

2. 모범답변은 많은 만점답변 중 하나이므로 답변 내용을 스스로 만들어 보는 연습을 해야 합니다. "Knowledge can have a positive effect on _____." "Working with knowledgeable people can lead to 명사/동사ing." 등 그 동안 연습했던 표현들을 적극 활용하여 다양한 문장들을 만들어 보세요.

3. '<u>knowledgeable people</u> can ~' 이나 '<u>knowledgeable people</u> would ~' 과 같이 주어 뒤에 can이나 would가 나오면 그 뒤에 '동사 원형'을 일괄적으로 사용하면 되지만 '<u>knowledge</u> allows ~' 처럼 주어 뒤에 바로 일반동사가 나오는 경우에는 신경 써서 동사의 형태를 정확히 해야 합니다. → <u>Knowledge</u> allows~ / <u>Knowledgeable people</u> allow~

4. 마지막 문장에서 시간 조절을 해야 합니다.

- 긴 버전

    So, these are the main reasons why I think knowledge is the most important thing (when working in a team).

- 짧은 버전

    So, these are the main reasons (for my opinion).

실전 3.

What are the advantages of allowing employees to choose their own work hours?
Give reasons or examples to support your opinion.

노트테이킹

이유1+부연설명 positive – productivity / some people = more energetic in the morning, some – more productive in the evening or at night

이유2+부연설명 directly related to life satisfaction / High life satisfaction allows 누구 to ~~ high quality ideas at work

이유3+부연설명 경험 – my company~ → very beneficial in many ways ++

모범답변

There are several advantages of allowing employees to choose their own work hours. First of all, choosing their own work hours can have a positive effect on employees' productivity. Some people might be more energetic in the morning, while others might be more productive in the evening or at night. Also, being able to choose one's own work hours is directly related to life satisfaction. High life satisfaction allows employees to come up with high quality ideas at work. <u>I will share my personal experience as an example. My company allows me to choose my own work hours and it is very beneficial in many ways. I'm happier and definitely more productive.</u> So, these are the main advantages of allowing employees to choose their own work hours.

1. advantage (장점)를 묻는 질문에서는 첫 문장과 끝 문장에 reasons가 아닌! advantages가 들어가야 하는 점을 명심해야 해야 합니다.

2. First of all 과 Also 를 더 길게 늘려 말할 수 있지만 여기에도 reason이 들어가지 않습니다. The first advantage is that 그리고 Another advantages is that 이라고 바꿀 수 있습니다.

3. 밑 줄 문장은 부연설명 뒤에 나오는 추가 부연 설명 역할을 하고 있으므로 생략하거나 더 간단하게 변경하는 것 모두 가능합니다.

4. 마지막 문장

- 긴 버전

  So, these are the main advantages of allowing employees to choose their own work hours.

- 짧은 버전

  So, these are the main advantages (in my opinion).

실전 4.

If you were learning a new language, which way would you prefer: taking a course in a classroom with a teacher or taking an online course? Why? Give reasons or examples to support your opinion.

노트테이킹

이유 1 + 부연설명 questions → ask ~directly / more convenient (than~)

이유 2 + 부연설명 my classmates and I → share useful information

이유 3 + 부연설명 extroverted / For me, spending time with other people
=more enjoyable than ~

모범답변

If I were learning a new language, I would prefer taking a course in a classroom with a teacher rather than taking an online course. <u>I have a few reasons for this.</u> First of all, if I have questions about something, I can ask the teacher directly. This is more convenient than sending an email or posting a comment. Also, if I take a course in a classroom, my classmates and I could share useful information about the class. Finally, I am an extroverted person. For me, spending time with other people is more enjoyable than spending time alone. So, these are the main reasons why I would prefer taking a course in a classroom with a teacher.

1. 말 속도를 빠르게 해서 많은 양의 말을 한다고 더 좋은 점수가 나오는 것이 아닙니다. 편하다고 느끼는 말의 속도는 개인차가 있기 마련입니다. 스스로 안정적이라 느껴지는 말 속도를 최대한 유지할 수 있는 방식으로 연습하세요. 말 속도가 느린 축에 들어간다면 말의 속도를 빠르게 하기 위한 노력보다는 문장을 심플하게 구성하는 연습이 더 효율적입니다.

   예시)
   긴 버전 – If I were learning a new language, I would prefer taking a course in a classroom with a teacher rather than taking an online course. <u>I have a few reasons for this.</u>
   짧은 버전 – I would prefer taking a course in a classroom with a teacher <u>for several reasons.</u>

2. 앞서 배운 필수 표현들을 숙지하는 것은 정말 중요합니다.
   - Would you prefer to have your own office or share a large office with your coworkers?
   - What are some advantages of taking a group exercise class?
   - Do you like to travel alone or with a group of people?

   위 질문의 내용은 모두 다르지만 답변의 내용은 실전4 모범답변 본론 내용과 거의 동일 할 수 있습니다.

3. 마지막 문장

   - 긴 버전

     So, these are the main reasons why I would prefer taking a course in a classroom with a teacher rather than taking an online course.

   - 중간 버전

     So, these are the main reasons why I would prefer taking a course in a classroom with a teacher.

   - 짧은 버전

     So, these are the main reasons (for my opinion).

실전 5.

In the future, do you think that more people will rely on public transportation rather than using their own cars? Why or why not? Give reasons or examples to support your opinion.

노트테이킹

이유 1 + 부연설명 important for people to use ~ in order to protect the environment

이유 2 + 부연설명 positive – living a productive life / I can ____, ____ or ____ while using ~

이유 3 + 부연설명 In most countries, using ~ is cheaper than ~ / save money

모범답변

In the future, I think that more people will rely on public transportation rather than using their own cars. I have a few reasons for this. First of all, it is important for people to <u>use public transportation</u> in order to <u>protect the environment</u>. Also, taking public transportation can have a positive effect on living a productive life. I can <u>read a book</u>, <u>listen to music</u>, or <u>study</u> while using public transportation. Finally, in most countries, using public transportation is cheaper than driving a car. So, if people use public transportation, they can save money. These are the main reasons why I think that in the future, more people will rely on public transportation rather than using their own cars.

1. 필수 표현 중 하나인 'It is important for 누구 to 동사 in order to 동사.' 와 같은 문장은 '누구' 와 '동사'를 바꿔가며 다른 의미의 문장들을 만들어 보는 응용연습을 해야 합니다. 응용연습을 해야 실제 시험 문제에 어울리는 문장이 수월하게 떠오를 수 있습니다.

2. <u>read a book</u>, <u>listen to music</u>, or <u>study</u> 이 외에도 밑 줄 자리에 들어갈 수 있는 요소들을 더 생각해 보세요. 아이디어를 쥐어 짜내는 연습은 아주 중요합니다.

3. 이 답변에는 이유 세 개와 부연설명 두 개가 포함되어 있습니다. 시간이 부족하다면 빨간색 문장 중 두 번째 문장만 빠질 수도 있고 혹은 빨간색 문장 둘 다 빠져도 됩니다.

4. 마지막 문장

- 긴 버전

  These are the main reasons why I think that in the future, more people will rely on public transportation rather than using their own cars.

- 중간 버전

  These are the main reasons why I think that in the future, more people will rely on public transportation.

- 짧은 버전

  These are the main reasons (for my opinion).